前　言

法律作为经济社会的上层建筑，在社会发展中扮演着举足轻重的角色。特别是随着社会经济的不断发展，法律在人们的社会经济生活中已经变得“无处不在”。结婚离婚、抚养孩子、赡养老人、劳动就业、开车上路、购物吃饭、酒店住宿、买房租房、签约履约……无处不涉及法律。平时，如果每个人都按部就班地生活，可能不会出现纠纷，但是一旦纠纷出现，法律的价值就显露出来了。特别是对于权利受损的一方来说，法律不仅是平息纠纷的良方，更是维护自身合法权益的有力武器。

当然，我们每个人都不希望纠纷出现，但是，如果越来越多的人懂得遇到纠纷时运用法律方式去解决问题，遭遇侵权时用法律去维权，遇到麻烦时用法律思维去思考，更重要的是，懂得运用法律来避免纠纷的出现，那么社会将会变得井然有序。

要实现上述目标，就需要知法懂法。但是对于普通老百姓来讲，懂得法律知识、学习法律并非易事，尤其是专业法律知识的高深、法言法语的晦涩难懂等使得很多想了解和学习法律的人望而却步。其实，学习法律知识，不必学习每一部法律，只要掌握与我们生活中相关的、常用的法律知识即可。为此，我们编写了本书献给大家，以此来帮助想了解和学习法律知识的朋友。

在内容上，本书涉及以下知识：消费维权法律知识、婚姻家庭法律知识、合同法律知识、道路交通安全法律知识、房屋租赁法律知识、房屋买卖与征收法律知识、物业服务法律知识、日常生活救助法律知识以及民事诉讼法律知识。在特色上，总的来说，本书内容实用全面，阅读起来方便快捷，通俗易懂，可谓一看就明，一读就会，一学便知。下面，我们一起来看一下本书的具体结构：

第一，案例场景。真实案例是最有说服力的，也是最生动的。因此，我们选取了社会生活中的常见案例，并由此提出问题，引发思考。

第二，依法分析。针对上面提出的案例，我们采用了专业律师的分析，经过认真编排以后，进行了严谨的作答，为读者解惑答疑。

第三，法律条文。法律条文是解决一切法律纠纷最现实的依据。我们在案例分析之后，适时地配以相关的法律条文，以便让读者在解惑之后，能对该法律知识形成系统的了解，从而加深印象。

第四，专家解析。此部分在案例分析的基础上，进一步讲解案情中所体现或延伸出的法律知识点，不仅能弥补分析中存在的不足，还能进一步完善读者对某一法律知识点的理解和学习，可谓一举两得。

最后衷心希望本书能成为读者的好帮手！由于时间和水平的限制，书中难免有不妥之处，敬请读者批评指正！

全国"七五"普法学习读本系列

新编常用法律知识学习读本

2版

七五普法图书中心◎著

中国法制出版社
CHINA LEGAL PUBLISHING HOUSE

目　录

第一章　消费维权法律知识

第二章 婚姻家庭法律知识

第四章　道路交通安全法律知识

第五章 房屋租赁、买卖与征收法律知识

第六章　物业服务法律知识

第七章　日常生活救助法律知识

第八章　民事诉讼法律知识

第一章　消费维权法律知识

1. 商家以次充好，消费者可否请求赔偿？

案例场景

王某在2018年4月到某家具城去定做了一批家具，因为要在婚房使用，所以他特意叮嘱家具城家具的材料要选红木。当天，王某支付了18000元的定金。家具城定做好家具后，按照合同的约定将家具运送到了王某家中。收到货后，王某却发现，厂家送的货跟自己当初要的货有些不一致，家具的材料用的是与红木很类似的材料，但是价格却远远低于红木。王某和厂家进行协商，希望厂家重新制作自己要的家具，并且余款是在重新定做好，自己检查合格后才交。厂家却称，可以降低价格，但是不能重新做。于是王某将厂家投诉到了当地的消费者协会，认为厂家的行为构成欺诈行为，要求厂家赔偿。那么，对于厂家以次充好的行为，王某是否可以请求赔偿呢？

依法分析

我国《消费者权益保护法》第八条及第十条有明确规定，消费者享有知悉其购买、使用的商品真实情况的权利，有权获得商品的质量保障，经营者侵犯消费者这一合法权利的，属于欺骗消费者的行为，应当承担退货、退款等责任。为了更好地维护消费者这一权益，《消费者权益保护法》规定了惩罚性赔偿金，情节严重的可能构成欺诈，如果生产假冒伪劣产品，还会受到刑法的追究。因此在本案中，王某可以要求厂家重做家具，并且按照《消费者权益保护法》第五十五条的规定，要求厂家承担惩罚性赔偿责任。

法律条文

《中华人民共和国消费者权益保护法》

第八条 消费者享有知悉其购买、使用的商品或者接受的服务的真实情况的权利。

消费者有权根据商品或者服务的不同情况，要求经营者提供商品的价格、产地、生产者、用途、性能、规格、等级、主要成份、生产日期、有效期限、检验合格证明、使用方法说明书、售后服务，或者服务的内容、规格、费用等有关情况。

第十条 消费者享有公平交易的权利。

消费者在购买商品或者接受服务时，有权获得质量保障、价格合理、计量正确等公平交易条件，有权拒绝经营者的强制交易行为。

第五十五条第一款 经营者提供商品或者服务有欺诈行为的，应当按照消费者的要求增加赔偿其受到的损失，增加赔偿的金额为消费者购买商品的价款或者接受服务的费用的三倍；增加赔偿的金额不足五百元的，为五百元。法律另有规定的，依照其规定。

专家解析

消费者享有公平交易的权利。法律从两方面保障消费者自主选择商品或者服务的权利：一方面是其有权获得公平交易的条件；另一方面是其有权拒绝强制交易。经营者提供的商品或服务有欺诈行为时，应当承担惩罚性的赔偿责任。

2. 对临近保质期的商品超市是否有提示义务？

案例场景

李某去超市买菜，在去菜品专区的时候，发现超市的熟食在搞促销，原来30元的袋装鸡腿现在只要9.9元。李某第一反应是超市搞这样的活动可能是为了吸引更多的顾客，于是就买了5袋回家。回到家后，李某的丈夫检查袋装鸡腿时发现，原来离保质期到期只有一天，所以超市才会卖得这么便宜。李某觉得自己上当了，就立刻返回超市想要退货，可是超市却以该商品是特价商品，特价商品不退不换为由拒绝了她的要求。李某对超市的说法不能接受，她和丈夫想知道超市对临近保质期的商品是不是应该做出明确提示呢？

依法分析

《消费者权益保护法》第八条及第二十条规定，消费者在购买商品时，享有知悉其购买、使用的商品的真实情况的权利，有权充分了解商品价格、质量、生产日期、有效期限等有关情况，经营者对此类信息应当真实、全面提供，不得作虚假或者引人误解的宣传。而在本案中，超市销售快过期的食品，不但没有明确提醒消费者，还以低价引诱，这些行为显然已经违反了法律的相关规定，侵犯了消费者的知情权。李某可以向消费者协会或当地工商部门投诉，也可以通过法律途径维护自己的合法权益。

法律条文

《中华人民共和国消费者权益保护法》

第八条 消费者享有知悉其购买、使用的商品或者接受的服务的真实情况的权利。

消费者有权根据商品或者服务的不同情况，要求经营者提供商品的价格、产地、生产者、用途、性能、规格、等级、主要成份、生产日期、有效期限、检验合格证明、使用方法说明书、售后服务，或者服务的内容、规格、费用等有关情况。

第二十条第一款 经营者向消费者提供有关商品或者服务的质量、性能、用途、有效期限等信息，应当真实、全面，不得作虚假或者引人误解的宣传。

专家解析

消费者享有知悉其购买、使用的商品或者接受的服务真实情况的权利。关于消费者的知情权，可以分为两种情况：一种是指关于商品的知情权，即消费者有权要求经营者提供商品的价格、产地、生产者、用途、性能、规格、等级、主要成分等信息；另一种是关于服务的知情权，即消费者有权要求经营者提供服务的内容、规格、费用等有关情况。

3. 对宣传单上的“最终解释权归商家所有”，应该怎么理解？

案例场景

袁某在某商场里买衣服，看到商场的化妆品在做活动，便想去了解一下。某化妆品店的店员发给袁某一张宣传单，宣传单上写明“凡是活动期间在本店买化妆品的，满100送50，满200送100，满500免费送一辆自行车”。但是在宣传单的最后以小字注明了“最终解释权归本店所有”。袁某一看活动日期是从第二天开始，于是叫上几个朋友想第二天来逛。没承想，第二天袁某和朋友买化妆品时却出了状况：她们凑单买了600元的化妆品，按照宣传单上面写的，应该赠送一辆自行车，但是化妆品店的解释却是打折的商品不参与本次活动。袁某和朋友觉得不赠送的话一点都不合算，于是什么都没买就回去了。那么，商家注明的“最终解释权归本店所有”是什么意思？消费者该如何应对？

依法分析

根据我国《消费者权益保护法》第二十条第一款规定：“经营者向消费者提供有关商品或者服务的质量、性能、用途、有效期限等信息，应当真实、全面，不得作虚假或者引人误解的宣传。”同时《零售商促销行为管理办法》第六条明确规定：“零售商促销活动的广告和其他宣传，其内容应当真实、合法、清晰、易懂，不得使用含糊、易引起误解的语言、文字、图片或影像。不得以保留最终解释权为由，损害消费者的合法权益。”同时该法第七条第二款规定：“对不参加促销活动的柜台或商品，应当明示，并不得宣称全场促销；明示例外商品、含有限制性条件、附加条件的促销规则时，其文字、图片应当醒目明确。”本案中，化妆品店不得在促销活动的宣传单上使用含糊及易引起误解的文字，并不得以保留最终解释权为由损害消费者的合法权益。袁某可以向工商部门投诉，要求查处化妆品店的虚假宣传行为。

法律条文

《中华人民共和国消费者权益保护法》

第二十条第一款 经营者向消费者提供有关商品或者服务的质量、性能、用途、有效期限等信息，应当真实、全面，不得作虚假或者引人误解的宣传。

专家解析

经营者应当真实、全面地对其提供的产品或服务进行宣传。真实，是指经营者向消费者提供有关商品或服务的质量、性能、用途、有效期限等信息，与该商品或者服务的客观情况完全符合，不存在虚假成分。全面，是指经营者向消费者提供有关商品或服务的质量、性能、用途、有效期限等信息，包含了该项信息的各个方面，不存在遗漏的部分。

4. 消费者未索取发票，因产品缺陷受到人身伤害的应向谁索赔?

案例场景

刘某看到某超市经营的热水壶等产品在搞促销，于是就买了两个热水壶，给了父母一个，自己家留用一个。因为走得急，就忘记向商家索要发票了。但是没承想，父母使用热水壶一个星期不到，热水壶就发生了爆炸。经鉴定，热水壶本身的质量存在问题。刘某找到商家要求赔偿，但是商家以刘某没有发票为由拒绝进行赔偿。请问在这种情况下，刘某应该怎么办呢?

依法分析

在现实生活中，消费者由于发票丢失或者未向经营者索要发票，在发生商品质量问题或造成人身、财产损害时，要追究经营者的责任就比较困难，一些经营者也往往以没有凭据为由拒绝消费者的索赔要求。消费者在遇到上述情况时，一般可以采取如下措施：

1. 首先应当注意寻找有无其他凭证可以证明购物这一事实。比如，寻找购物的收据或电脑打印的小票，这些也能起到证明作用。还可以寻找人证，如其他受害者证言等。

2. 要求产品的生产者退货，赔偿缺陷产品造成的人身伤亡、财产损失的，并不需要发票，只要有产品残骸并足以证明该产品为生产者所生产，消费者就可以索赔了。

3. 如果消费者购买的这件没有发票的商品在使用过程中已经造成人身、财产损害，而与经营者协商后又无任何结果，那么，根据《消费者权益保护法》第四十条和《产品质量法》第四十三条的规定，消费者或其他受害人因商品缺陷造成人身、财产损害的，可以向销售者要求赔偿，也可以向生产者要求赔偿。本案中，刘某可直接与生产厂家联系，要求赔偿，如果生产厂家拒绝的话，可通过诉讼途径加以解决。

法律条文

《中华人民共和国消费者权益保护法》

第四十条 消费者在购买、使用商品时，其合法权益受到损害的，可以向销售者要求赔偿。销售者赔偿后，属于生产者的责任或者属于向销售者提供商品的其他销售者的责任的，销售者有权向生产者或者其他销售者追偿。

消费者或者其他受害人因商品缺陷造成人身、财产损害的，可以向销售者要求赔偿，也可以向生产者要求赔偿。属于生产者责任的，销售者赔偿后，有权向生产者追偿。属于销售者责任的，生产者赔偿后，有权向销售者追偿。

消费者在接受服务时，其合法权益受到损害的，可以向服务者要求赔偿。

《中华人民共和国产品质量法》

第四十三条 因产品存在缺陷造成人身、他人财产损害的，受害人可以向产品的生产者要求赔偿，也可以向产品的销售者要求赔偿。属于产品的生产者的责任，产品的销售者赔偿的，产品的销售者有权向产品的生产者追偿。属于产品的销售者的责任，产品的生产者赔偿的，产品的生产者有权向产品的销售者追偿。

专家解析

消费者在购买、使用商品时，由于销售者不依法履行义务或者不适当履行义务给消费者的合法权益造成侵害的，销售者应当承担赔偿责任。而一旦消费者或者其他受害人因商品缺陷遭受人身、财产损害的，消费者这时便有选择的权利，既可选择销售者进行赔偿，也可选择生产者进行赔偿，被选择的对象都应该先履行赔偿义务。

5. 双倍返还定金责任可否用于取消预订酒席的情形？

案例场景

2017 年 6 月 5 日，姚先生在某酒店预订了 2017 年 12 月 12 日自己的婚宴，并交付定金 5000 元。8 月 10 日，在姚先生忙着准备婚礼事宜的时候，接到了该酒店的电话，称因酒店工作人员的失误，酒店在 12 月 12 日那天除姚先生外还承接了两个婚宴，而鉴于酒店的使用面积有限，只能一起承办两家婚宴，因姚先生预订得最晚，只能退还姚先生预交的定金 5000 元，并请姚先生订别家酒店。姚先生遂要求酒店双倍返还定金，那么姚先生的要求能得到满足吗？

依法分析

《消费者权益保护法》第四条规定了经营者应遵循诚实信用原则。所谓的诚实信用原则是指经营者在与消费者进行交易时，应该诚实守信，不得恶意违反法律的规定与双方的约定。本案中，姚先生已经向酒店预订了酒席并交付了定金，酒店没有经过姚先生同意就擅自取消，其行为显然有违诚信，按照《合同法》第一百一十五条关于定金罚则的规定，酒店应该向姚先生双倍返还定金。

法律条文

《中华人民共和国消费者权益保护法》

第四条 经营者与消费者进行交易，应当遵循自愿、平等、公平、诚实信用的原则。

《中华人民共和国合同法》

第一百一十五条 当事人可以依照《中华人民共和国担保法》约定一方向对方给付定金作为债权的担保。债务人履行债务后，定金应当抵作价款或者收回。给付定金的一方不履行约定的债务的，无权要求返还定金；收受定金的一方不履行约定的债务的，应当双倍返还定金。

专家解析

《合同法》第一百一十五条是关于定金责任的规定。定金是债的一种担保方式，是指合同当事人一方为了担保合同的履行而预先向对方支付一定数额的金钱。当事人可以约定一方向对方给付定金作为债权的担保。债务人履行债务后，定金应当抵作价款或者收回。给付定金的一方不履行约定的债务的，无权要求返还定金；收受定金的一方不履行约定的债务的，应当双倍返还定金。

6. 商家搞促销活动时,能否搭售或附加不合理条件?

案例场景

2018年1月1日,某县一房地产开发有限公司对其开发建设的楼盘开展促销活动,全部在售房屋打9折出售。赵某很早就关注该楼盘,只因价格问题,一直在观望。现看到该楼盘促销,便打算订购一套。在准备交款时,售楼员告诉赵某促销9折优惠,但条件是必须同时购买本小区的车库和地下室,否则只能按原价出售。赵某说他看到宣传单上没有说必须强制选购车库和地下室,只说所有的在售房屋9折优惠。售楼员称这是公司的规定,只有车库和地下室随房屋一同购买,才能优惠。赵某无奈,只好选择放弃。那么,商家搞促销活动时,能否搭售或附加不合理条件?

依法分析

根据我国《消费者权益保护法》第九条、第十条及第十六条规定,消费者享有自主选择权,在自主选择商品或者服务时,有权进行比较、鉴别和挑选。消费者在购买商品时,有权获得公平交易条件,有权拒绝经营者的强制交易行为。经营者应当保障消费者的合法权益,不得强制交易。此外,我国《零售商促销行为管理办法》第六条及第十二条还规定,零售商促销活动的广告和其他宣传,其内容应当真实,不得使用含糊、易引起误解的语言,不得以保留最终解释权为由,损害消费者的合法权益;零售商开展促销活动,不得将质量不合格的物品作为奖品、赠品。案例中的赵某在购房时,该房地产开发商不得以内部规定为由强制要求赵某购买车库和地下室，并且该房地产开发商在宣传海报中只写明了在售房屋全部九折优惠，而隐藏了参加活动必须购买车库及地下室的不合理条件，然后以最终解释权为借口，损害了消费者的合法权益。赵某有理由拒绝，或者向消费者协会投诉，也可以向当地工商部门举报。

法律条文

《中华人民共和国消费者权益保护法》

第九条 消费者享有自主选择商品或者服务的权利。

……

消费者在自主选择商品或者服务时，有权进行比较、鉴别和挑选。

《零售商促销行为管理办法》

第六条 零售商促销活动的广告和其他宣传，其内容应当真实、合法、清晰、易懂，不得使用含糊、易引起误解的语言、文字、图片或影像。不得以保留最终解释权为由，损害消费者的合法权益。

第十二条 零售商开展促销活动，不得降低促销商品（包括有奖销售的奖品、赠品）的质量和售后服务水平，不得将质量不合格的物品作为奖品、赠品。

专家解析

《零售商促销行为管理办法》第六条规定了促销宣传的基本原则。零售商的促销宣传应当真实、合法、清晰、易懂，不得使用含糊及易引起误解的语言、文字、图片或影像。零售商销售促销商品提出的“保留最终解释权”，是单方面的格式合同条款，提供格式条款一方免除其责任，加重对方责任，排除对方主要权利的条款无效。零售商无权以保留最终解释权为由，损害消费者的合法权益。该法第十二条规定零售商开展促销活动时，不能因降价而降低促销商品及奖品、赠品的质量及服务水平。

7. 经营者能否拒绝消费者使用提供的代金券？

案例场景

“双十一”期间，余某看到某日用品网店在搞促销活动，该网店以大字显示消费者凡是在本店购买洗衣液者，买一箱赠 100 元代金券。余某觉得家里人多，洗衣液是生活必需品，反正也会经常买，于是就买了两箱，按照店家的活动应该是送 200 元的代金券。余某拿着这 200 元的代金券想在这家店买点牙膏、牙刷等日用品，但是最后结算的时候发现这 200 元的代金券不能用。余某问店家，店家称这个代金券只能用于购买本店的洗衣液，不能用于购买其他商品。那么，商家提供的代金券能否拒绝消费者使用呢？

依法分析

本案中商家的这种做法，是违反我国《消费者权益保护法》的。我国《消费者权益保护法》第四条规定：“经营者与消费者进行交易，应当遵循自愿、平等、公平、诚实信用的原则。”同时该法第二十条又规定：“经营者向消费者提供有关商品或者服务的质量、性能、用途、有效期限等信息，应当真实、全面，不得作虚假或者引人误解的宣传。经营者对消费者就其提供的商品或者服务的质量和使用方法等问题提出的询问，应当作出真实、明确的答复。经营者提供商品或者服务应当明码标价。”由此可知，商家应当遵循诚实信用的原则，不得以任何形式欺骗消费者以达到其营利的目的。此外，经营者有义务提供给消费者该活动的真实情况，接受消费者和社会组织及有关部门的监督。对于商家违反市场经济规则，扰乱市场良好秩序的行为，有关部门应及时查处。本案中，余某应及时向有关部门举报该商家的行为，以维护自己的合法权益。

法律条文

《中华人民共和国消费者权益保护法》

第四条 经营者与消费者进行交易，应当遵循自愿、平等、公平、诚实信用的原则。

第二十条 经营者向消费者提供有关商品或者服务的质量、性能、用途、有效期限等信息，应当真实、全面，不得作虚假或者引人误解的宣传。

经营者对消费者就其提供的商品或者服务的质量和使用方法等问题提出的询问，应当作出真实、明确的答复。

经营者提供商品或者服务应当明码标价。

专家解析

经营者与消费者进行交易时，应当遵循自愿、平等、公平、诚实信用的原则，这是民事活动基本原则在消费领域的具体体现。经营者与消费者在交易的过程中，必须在双方当事人自愿的基础上，在双方法律地位平等的前提下，公平合理地确定双方的权利义务，同时交易时必须讲诚信、守信用，保证自己的商品符合质量要求。

8. 用会员积分兑换的商品质量有问题，消费者应该怎么办？

案例场景

李某经常去某大型商场购物，因为每次买的商品很多，所以在商场办了一张积分卡，买东西都可以积分。后商场推出一项会员积分活动，会员积分10分相当于1元，但是所有积分只能用于兑换商品，不能兑换现金。商场推出此活动时，李某卡内的积分已经达到了5000分，按照商场的兑换规则，可以兑换一件价值500元的商品。李某用自己的5000积分兑换了一个电风扇，不料，拿回家用了两次就发现电风扇的开关键不能用了。李某找商家退换，商家却称因为是积分兑换的商品，所以不退不换。李某应该怎么办呢？

依法分析

《消费者权益保护法》第二十四条规定："经营者提供的商品或者服务不符合质量要求的，消费者可以依照国家规定、当事人约定退货，或者要求经营者履行更换、修理等义务。没有国家规定和当事人约定的，消费者可以自收到商品之日起七日内退货；七日后符合法定解除合同条件的，消费者可以及时退货，不符合法定解除合同条件的，可以要求经营者履行更换、修理等义务。依照前款规定进行退货、更换、修理的，经营者应当承担运输等必要费用。"本案中的电风扇属于国家规定的"三包"商品，销售商应当承担"三包"责任，即负责修理、更换、退货。积分换购的商品也是商品，当然也享受现行的退换货政策和保障。同时根据

《部分商品修理更换退货责任规定》第九条规定:“产品自售出之日起7日内,发生性能故障,消费者可以选择退货、换货或修理。退货时,销售者应当按发票价格一次退清货款,然后依法向生产者、供货者追偿或者按购销合同办理。”李某购买的电风扇,在用了两次后就发生故障,要求卖家退换货是正当合法的,卖家以商品是用积分兑换的为由拒绝退货,是没有任何法律依据的。

法律条文

《中华人民共和国消费者权益保护法》

第二十四条 经营者提供的商品或者服务不符合质量要求的,消费者可以依照国家规定、当事人约定退货,或者要求经营者履行更换、修理等义务。没有国家规定和当事人约定的,消费者可以自收到商品之日起七日内退货;七日后符合法定解除合同条件的,消费者可以及时退货,不符合法定解除合同条件的,可以要求经营者履行更换、修理等义务。

依照前款规定进行退货、更换、修理的,经营者应当承担运输等必要费用。

《部分商品修理更换退货责任规定》

第九条 产品自售出之日起7日内,发生性能故障,消费者可以选择退货、换货或修理。退货时,销售者应当按发票价格一次退清货款,然后依法向生产者、供货者追偿或者按购销合同办理。

专家解析

经营者提供的商品或者服务不符合质量要求的,消费者可以依照国家规定、当事人约定退货,或者要求经营者履行更换、修理等义务。其中不符合质量要求,是指经营者提供的商品或者服务的质量没有达到规定的标准或者与消费者约定的标准。经营者提供的商品或者服务不符合质量要求的，消费者可依照国家规定或约定选择要求经营者退货、更换或是修理。没有国家规定和当事人约定的，消费者要在收到商品之日起七日内退货。因退换货或是修理产生的必要费用应由经营者承担。

9. 消费者在网上充话费，付款后却没充上应该怎么办？

案例场景

现在人们越来越倾向足不出户就能办事的快捷简单的生活方式。王某是一名大学生，因为宿舍就自己一人携带电脑，所以经常用电脑帮同学们交话费。他认为这种充值方式方便、快捷，而且还相对便宜。一天，王某要给自己的女朋友充点话费，他看到一家网店说是充 100 元赠 20 元，2 小时之内到账，觉得这家网店比较合算，于是直接在这家网店上给女朋友充了 100 元话费。但是第二天中午跟女朋友一起吃饭的时候，女朋友说话费余额并没有增加，还是原来的数额。王某回到宿舍一看，才发现原来充话费的这个网店并没有销售者的名称、地址和联系方式，没有办法联系到销售者。在这种情况下，王某应该找谁来赔偿损失呢？

依法分析

我国《消费者权益保护法》第五十三条规定："经营者以预收款方式提供商品或者服务的，应当按照约定提供。未按照约定提供的，应当按照消费者的要求履行约定或者退回预付款；并应当承担预付款的利息、消费者必须支付的合理费用。"本案中，网络话费充值服务就是属于预收款方式提供服务的情形，并且商家收到王某的钱后，根本没有进行相应的话费充值，完全是一种欺诈行为，对此，王某可依据《消费者权益保护法》第五十五条第一款的规定，要求增加赔偿所受的损失。对于本案中的欺诈行为，王某不仅可以要回自己已经支付的100元，还可以要求商家承担赔偿责任。对于商家没有留下任何有价值的联系方式的情况，王某可依据《消费者权益保护法》第四十四条的规定，向其所购物的网络平台主张赔偿责任。

法律条文

《中华人民共和国消费者权益保护法》

第四十四条第一款 消费者通过网络交易平台购买商品或者接受服务，其合法权益受到损害的，可以向销售者或者服务者要求赔偿。网络交易平台提供者不能提供销售者或者服务者的真实名称、地址和有效联系方式的，消费者也可以向网络交易平台提供者要求赔偿；网络交易平台提供者作出更有利于消费者的承诺的，应当履行承诺。网络交易平台提供者赔偿后，有权向销售者或者服务者追偿。

第五十三条 经营者以预收款方式提供商品或者服务的，应当按照约定提供。未按照约定提供的，应当按照消费者的要求履行约定或者退回预付款；并应当承担预付款的利息、消费者必须支付的合理费用。

第五十五条第一款 经营者提供商品或者服务有欺诈行为的，应当按照消费者的要求增加赔偿其受到的损失，增加赔偿的金额为消费者购买商品的价款或者接受服务的费用的三倍；增加赔偿的金额不足五百元的，为五百元。法律另有规定的，依照其规定。

专家解析

经营者以预收款方式提供商品或者服务的，应当按照约定提供。预收款方式是指经营者首先向消费者收取商品价款或者服务费用的全部或一部分，约定在一定期限内向消费者提供商品或服务。经营者以预收款方式提供商品或者服务的，应当按照约定全面履行义务。经营者不履行义务或者未按照约定履行义务的，应当承担相应的违约责任。

10. 从网上购买的商品与卖家描述的不符怎么办？

案例场景

戴某在逛某网店时，看到一家网店卖的泳装很好看，马上下单的话正好可以在暑假的时候跟着宿舍朋友们一起去海边游泳。这家网店称自己的泳装出自某某大厂家，是某品牌的正品，并且质量相当有保障。戴某一查，确实是个大牌子，就直接在该网店买了下来。但是等货到时却发现，这款泳装跟自己要的那款的颜色根本就不一样，自己要的是粉色的，发过来的货却是玫红色的，并且很容易开线，质量根本没有保障。于是戴某联系店家想要退货，而店家要求运费由戴某承担，戴某应该怎么办？

依法分析

根据我国《消费者权益保护法》第二十三条第二款的规定："经营者以广告、产品说明、实物样品或者其他方式表明商品或者服务的质量状况的，应当保证其提供的商品或者服务的实际质量与表明的质量状况相符。”也就是说，商家对商品的描述是什么样的，就应该保障其售出的商品与其描述一致，不能弄虚作假。在本案中，商家说泳衣是某品牌的正品，那就应该是正品，如果不是正品，就应该承担相应的法律责任。

此外，《消费者权益保护法》第二十条第一款还规定：“经营者向消费者提供有关商品或者服务的质量、性能、用途、有效期限等信息，应当真实、全面，不得作虚假或者引人误解的宣传。”本案中，商家称自己的商品是正品，但戴某买到手后发现其所购买的商品根本不是什么正品，颜色也跟自己要的不一致。因此，戴某不仅不用承担运费，还可以依据《消费者权益保护法》第五十五条第一款的规定，要求商家承担购买这件商品价款三倍的赔偿责任，如果增加赔偿的金额不足五百元的，为五百元。

法律条文

《中华人民共和国消费者权益保护法》

第二十条第一款 经营者向消费者提供有关商品或者服务的质量、性能、用途、有效期限等信息，应当真实、全面，不得作虚假或者引人误解的宣传。

第二十三条第二款 经营者以广告、产品说明、实物样品或者其他方式表明商品或者服务的质量状况的，应当保证其提供的商品或者服务的实际质量与表明的质量状况相符。

第五十五条第一款 经营者提供商品或者服务有欺诈行为的，应当按照消费者的要求增加赔偿其受到的损失，增加赔偿的金额为消费者购买商品的价款或者接受服务的费用的三倍；增加赔偿的金额不足五百元的，为五百元。法律另有规定的，依照其规定。

专家解析

经营者提供的商品或是服务的实际质量应当与其在广告、产品说明中宣传的质量、与其展示的实物样品的质量，或者以其他方式表明的质量状况相一致，不得有不符合之处。如果因经营者在宣传过程中的不实宣传损害了消费者的合法权益，则经营者应该承担相应的法律责任。

11. 购物网站不经用户同意擅自泄露会员的个人注册信息，用户应该怎样维权？

案例场景

曹某是某网络公司的一名职员，因为工作交流的需要，在某网站注册并如实填写了自己的个人信息。谁知，在注册完信息没几天，曹某就不断收到骚扰电话，多是一些房产推销和保养品推销的内容，扰乱了曹某的正常生活。后来曹某得知自己注册的这家网站其实是虚假网站，名义上是促进网站制作人员的交流，其实是在搜集个人信息并进行买卖。那么被泄露了个人信息应该怎么办呢？

依法分析

在互联网上，用户在注册会员或进行其他操作时，往往按照网站的提示一步步完成信息的填写，然后注册成功或者是顺利完成某件事情。那么，对于用户填写的诸如身份证号码、电话号码等个人信息，网站是不是有义务予以保密呢？这是肯定的，他们当然有保密的义务。我国《互联网电子邮件服务管理办法》第九条规定:“互联网电子邮件服务提供者对用户的个人注册信息和互联网电子邮件地址,负有保密的义务。互联网电子邮件服务提供者及其工作人员不得非法使用用户的个人注册信息资料和互联网电子邮件地址;未经用户同意,不得泄露用户的个人注册信息和互联网电子邮件地址,但法律、行政法规另有规定的除外。”本案中,曹某的信息被购物网站提供给他人,其就可以根据该规定追究网站的法律责任,以保护自己的合法权益。

法律条文

《互联网电子邮件服务管理办法》

第九条 互联网电子邮件服务提供者对用户的个人注册信息和互联网电子邮件地址,负有保密的义务。

互联网电子邮件服务提供者及其工作人员不得非法使用用户的个人注册信息资料和互联网电子邮件地址;未经用户同意,不得泄露用户的个人注册信息和互联网电子邮件地址,但法律、行政法规另有规定的除外。

专家解析

互联网电子邮件服务提供者对用户的个人注册信息和互联网电子邮件地址负有保密的义务,不得随意泄露。互联网电子邮件服务提供者及其工作人员不得在未经用户同意的情况下,任意使用和泄露用户的个人注册信息。任意使用和泄露用户的个人注册信息给用户造成损失的,则要承担相应的法律责任。

12. 消费者未通过网络交易平台购买商品造成的损失，由谁承担责任呢？

案例场景

陈某一直想买某品牌的包包，但在实体店里看到的价格比较贵。朋友向陈某介绍说淘宝可以买到同款的，价格还很实惠。于是陈某就到淘宝上找到这个品牌的网店，发现确实是比实体店便宜了300元钱。陈某听朋友说这上面的店还可以讲价，于是就跟卖家讲了讲价，又便宜了200元。但是卖家说因为是优惠了的价格，所以陈某须把钱打到自己的个人账户中，这样才能更好地显示买家价格。陈某觉得很划算，于是就将货款打到了卖家的个人账户上。但是，陈某打款以后，并没有收到货物，也联系不上卖家了，这时陈某该怎么办呢？

依法分析

本案中，网店卖家借优惠之名引诱买家进行线下交易，拿到钱款后不给买家发货，不仅构成违约，如果钱款数额较大，还可能构成诈骗罪。根据《刑法》规定，诈骗罪是指以非法占有为目的，用虚构事实或者隐瞒真相的方法，使受害人陷于错误的认识并"自愿"处分财产，从而骗取数额较大的公私财物的行为。我国《刑法》第二百六十六条对此规定了具体的刑事处罚措施。在本案中，就陈某受骗的情形来说，还不能举报卖家有犯罪情形，因为没有达到诈骗罪的下限数额，但是陈某在联系不到卖家的情况下，根据《消费者权益保护法》第四十四条的规定，可以向网络交易平台（购物网站）索要卖家的真实姓名、地址以及有效联系方式，如果其不能提供的，陈某就可以要求网络交易平台进行赔偿。

法律条文

《中华人民共和国消费者权益保护法》

第四十四条第一款 消费者通过网络交易平台购买商品或者接受服务，其合法权益受到损害的，可以向销售者或者服务者要求赔偿。网络交易平台提供者不能提供销售者或者服务者的真实名称、地址和有效联系方式的，消费者也可以向网络交易平台提供者要求赔偿；网络交易平台提供者作出更有利于消费者的承诺的，应当履行承诺。网络交易平台提供者赔偿后，有权向销售者或者服务者追偿。

专家解析

网络交易平台提供者有保证作为网络卖方的销售者和服务者的名称、地址、有效联系方式的真实性和进行审查核对的义务，并保证消费者能及时联系到销售者和服务者。否则，网络交易平台就要承担相应的责任，只是其承担的是一种代偿责任，真正的责任人仍然是网络交易的销售者。消费者合法权益受到损害的，既可以向销售者或者服务者要求赔偿，也可以向不能提供销售者或者服务者真实信息的网络交易平台提供者要求赔偿。

13. 在饭店喝“免费”饮料仍被要求买单，消费者该如何维权？

案例场景

某饭店“五一”期间搞活动，在饭店门口以“吃饭免费赠送饮料”的牌子标示。沈某约朋友一起吃饭，正好看到这家饭店搞活动，就和朋友去了这家店。沈某点了菜和主食，又向饭店要了几瓶雪碧。等吃完饭结账时，却发现账单上把雪碧的钱也算进去了。于是沈某就找店员理论，店员称本店说赠送饮料是要赠送芒果汁等鲜榨的饮料，并不是雪碧、可乐等。那么这种情况下，沈某应该怎么做？

依法分析

本案中，商家的做法侵犯了消费者的知情权。饭店把“吃饭免费赠送饮料”的意思明确地写在广告牌上，对经营者来说是一种促销手段，对消费者来说也是一种优惠。但是，如果不标出不参加活动的商品就是侵犯了消费者的知情权。我国《消费者权益保护法》第八条第一款规定：“消费者享有知悉其购买、使用的商品或者接受的服务的真实情况的权利。”同时，我国《广告法》第四条规定：“广告不得含有虚假或者引人误解的内容，不得欺骗、误导消费者。广告主应当对广告内容的真实性负责。”案例中商家的行为既是对消费者知情权的侵犯，也是一种误导消费者的虚假宣传。沈某完全可以按照其牌子上所说的，坚持雪碧免费。

法律条文

《中华人民共和国消费者权益保护法》

第八条 消费者享有知悉其购买、使用的商品或者接受的服务的真实情况的权利。

消费者有权根据商品或者服务的不同情况,要求经营者提供商品的价格、产地、生产者、用途、性能、规格、等级、主要成份、生产日期、有效期限、检验合格证明、使用方法说明书、售后服务,或者服务的内容、规格、费用等有关情况。

《中华人民共和国广告法》

第四条 广告不得含有虚假或者引人误解的内容,不得欺骗、误导消费者。

广告主应当对广告内容的真实性负责。

专家解析

广告不得含有虚假的内容,不得欺骗和误导消费者,实际上也就是要求广告必须具有真实性,即广告活动必须真实地、客观地传播有关商品或者服务的情况,而不能进行虚假的传播,更不能欺骗和误导消费者。如果商家广告中含有虚假的内容,欺骗或者误导消费者,给消费者造成损失,则需要承担相应的责任。

14. 车内物品在酒店指定的停车场被盗,由谁承担责任?

案例场景

袁某出差办事,对方单位给袁某定了一家酒店。袁某开车到该酒店时已经是傍晚时分了，由于开了半天的车，很疲惫，便直接将车停在该酒店的停车场后回酒店睡觉了。第二天袁某醒来发现自己的公文包放在车上忘记拿上来了，但是来到地下停车场时发现自己的公文包已经不见了，并且车窗有一个圆形的洞，很明显，公文包被盗了。袁某要求酒店进行赔偿，但是酒店认为自己没有为客人保管财物的义务。那么酒店是否有保管客人财物的义务呢？

依法分析

袁某到某酒店入住，已经与该酒店形成服务合同关系。袁某将车辆停放在酒店指定的停车场内，属于酒店提供服务的延伸范围。与随身携带的财物不同，袁某将车交由酒店保管，在此期间就已失去了对车辆的实际控制，而酒店作为经营者，就应当将保管袁某的车辆作为一种附随义务，妥善保管该车及车内的财物。此外，《消费者权益保护法》第七条也规定了经营者具有保障消费者人身、财产安全的义务。本案中，由于酒店的管理疏忽，致使袁某的汽车玻璃窗被划了个圆洞，并且丢失了财物，因此酒店理应承担赔偿责任。

法律条文

《中华人民共和国消费者权益保护法》

第七条 消费者在购买、使用商品和接受服务时享有人身、财产安全不受损害的权利。

消费者有权要求经营者提供的商品和服务，符合保障人身、财产安全的要求。

《中华人民共和国合同法》

第一百零七条 当事人一方不履行合同义务或者履行合同义务不符合约定的，应当承担继续履行、采取补救措施或者赔偿损失等违约责任。

专家解析

消费者在购买、使用商品或者接受服务时，经营者首先需要保障其人身权，确保其生命健康不受损害。其次要保证其财产权不受侵犯，包括两方面的内容：一是消费者购买、使用商品或者接受服务时，财产本身的安全；二是消费者购买、使用商品或者接受服务时，其他财产的安全。

15. 旅游者解除合同的，预交的旅行费该怎样处理？

案例场景

刘某和朋友组团报了一家旅行社，想要到青岛度过“五一”假期，每人预交了2000元用于旅行社订酒店以及机票。后因为公司临时要求加班，导致刘某的行程耽误，不能和朋友一起去青岛。刘某去旅行社要求退团，旅行社也同意其退团，但是并没有返还刘某预交的费用。那么刘某预交的2000元现金是否能被退还呢？

依法分析

本案的关键在于认定刘某缴纳的款项的性质，是属于定金还是预付款。在法律上，两者存在区别：从目的上说，预付款是在合同期限未到之前，当事人一方履行全部或部分义务，付款本身就是价款或价款的一部分，在合同没有履行的情况下，不管是给付款一方当事人违约，还是接受预付的一方当事人违约，预付款都应退回。而定金是一种担保手段，其目的是促使双方认真履行自己的义务，保证合同的成立。在合同履行的情况下，定金部分可以用来抵合同中的价款，也可以由支付一方收回。但是如果支付定金的一方违约，则其无权收回定金；如果是另一方违约，则要双倍返还定金。

本案中，根据双方的合同来看，旅游者支付的这笔款项，是用来支付合同一部分价款的，并不是对合同承担担保作用，因此，它不具有定金的特征，只是合同内容的部分履行。在这种情况下，旅行社不能把它作为定金来看待，也不能够使用“定金罚则”来剥夺旅游者的权利，因此对这笔款应按照预付款来处理。我国《旅游法》第六十五条明确规定：“旅游行程结束前，旅游者解除合同的，组团社应当在扣除必要的费用后，将余款退还旅游者。”因此本案中，旅行社应该在扣除有关的费用后，将预交的旅行费返还给刘某。

法律条文

《中华人民共和国旅游法》

第六十五条　旅游行程结束前，旅游者解除合同的，组团社应当在扣除必要的费用后，将余款退还旅游者。

专家解析

合同的解除权，通常情况下是在符合法律规定或者当事人约定的条件下产生，不符合该条件的，当事人解除合同属于违约行为，应当承担违约责任。但是，在某些特殊情形下，基于某些合同的特殊性，法律允许当事人一方可以随时解除合同。当旅游者出现因个人原因不能成行，或者已出行却必须终止行程的情形时，可以解除旅游合同，即旅游者无须征得旅行社同意，享有单方解除旅游合同的权利。

16. 导游有无义务告知游客景区当地的民俗禁忌？

案例场景

赵某和自己的大学同学约好暑假出国玩。大家经过商量，决定去泰国。赵某觉得自己对那边不熟，所以跟大家商量着报团。到了泰国，赵某和同学被告知，第二天要去看泰国人妖，导游也没有提醒赵某等人应该注意的事项。第二天，赵某等人跟团过去，宿舍的一行人觉得好奇，就每个人和人妖照了相，但是却被罚了钱。景区的负责人称，该景区不允许和人妖合照，这是对人妖的侮辱，违者罚款 1000 元。赵某一行人认为导游应该事先告知大家此项禁忌，所以罚款也应该由导游交。那么赵某的想法对吗？

依法分析

本案中，该地接社导游没有告知游客旅游当地的禁忌，对于外地人来说，相当于没有尽到告知义务。根据我国《旅游法》第六十二条的规定，订立包价旅游合同时，旅行社应当向旅游者告知旅游目的地的相关法律、法规、风俗习惯和宗教禁忌等。本案中的导游没有尽到告知的义务，如果他将景区的禁忌告知了游客，游客就会注意自己的行为，也就不会被误认为是侮辱人妖，从而被罚款。因此,旅行社的导游没有告知游客当地的景区禁忌,违反了《旅游法》的相关规定,依法应当承担违约责任。

法律条文

《中华人民共和国旅游法》

第六十二条 订立包价旅游合同时,旅行社应当向旅游者告知下列事项:

(一)旅游者不适合参加旅游活动的情形;

(二)旅游活动中的安全注意事项;

(三)旅行社依法可以减免责任的信息;

(四)旅游者应当注意的旅游目的地相关法律、法规和风俗习惯、宗教禁忌,依照中国法律不宜参加的活动等;

(五)法律、法规规定的其他应当告知的事项。

在包价旅游合同履行中,遇有前款规定事项的,旅行社也应当告知旅游者。

专家解析

旅行社在包价旅游合同订立时和履行中应当向游客履行告知当地旅游禁忌的义务。这里的告知义务主要包括两个方面:一方面是以存在可能危及旅游者人身、财产安全的旅游风险为前提;另一方面是以存在可能对旅游者产生不利影响的法律风险为前提。法律规定旅行社有告知义务,是以保护旅游者免受不必要的危险,保护旅游者的合法权益为目的的。

17. 旅行团因泥石流围困而滞留，因此增加的食宿费用应该由谁承担？

案例场景

谭某跟随某旅行团到四川旅行。可是，在谭某等人到达四川之后的第 2 天，当地便发生了泥石流，导致谭某等人无法出行，只能滞留当地。谭某等人滞留了 4 天之后，当地的交通恢复了正常，旅行团便安排谭某等人启程返回。在回到目的地之后，旅行社要求谭某等人支付他们在四川某地滞留期间所增加的 4 天的食宿费用。而谭某等人认为，这些增加的食宿费用应当由旅行社来承担，因此，他们拒绝支付这笔增加的费用。旅行团因泥石流围困而滞留，因此增加的食宿费用应该由谁承担？

依法分析

本案中，旅行团因泥石流围困而滞留，因此增加的食宿费用应该由旅游者承担。根据我国《旅游法》第六十七条的规定，危及旅游者人身、财产安全的，旅行社应当采取相应的安全措施，因此支出的费用，由旅行社与旅游者分担；造成旅游者滞留的，旅行社应当采取相应的安置措施。因此增加的食宿费用，由旅游者承担；增加的返程费用，由旅行社与旅游者分担。由此可见，旅行社在组织旅游活动时，发生不可归责于旅行社的自然灾害、事故灾难等，旅行社负有救助义务。但是，因此造成旅游者滞留而增加的食宿费用，则由旅游者自己负担；而增加的返程费用，则由旅行社与旅游者分担。谭某所参加的旅行团因当地发生泥石流而滞留了4天,泥石流属于自然灾害。所以,根据上述法律规定,谭某等人滞留期间所增加的食宿费用,应当由谭某等旅游者自己承担。因此,旅行社要求谭某等人支付增加的食宿费用时,他们应当将此笔费用支付给旅行社。

法律条文

《中华人民共和国旅游法》

第六十七条 因不可抗力或者旅行社、履行辅助人已尽合理注意义务仍不能避免的事件,影响旅游行程的,按照下列情形处理:

……

(三)危及旅游者人身、财产安全的,旅行社应当采取相应的安全措施,因此支出的费用,由旅行社与旅游者分担。

(四)造成旅游者滞留的,旅行社应当采取相应的安置措施。因此增加的食宿费用,由旅游者承担;增加的返程费用,由旅行社与旅游者分担。

专家解析

法律之所以规定在旅游者因自然灾害而滞留期间,其食宿费用由旅游者自己承担,是因为自然灾害是任何人都无法预料和阻止的。虽然在旅行的过程中,是旅行社按照合同约定提供相应的食宿。但是,如果因自然灾害而滞留所增加的食宿费用,仍然要求旅行社承担,对于旅行社而言是不公平的。所以,法律规定食宿由旅游者自己承担,而采取安全措施的费用、增加的返程费用由双方分担,这实际上是公平责任的体现。

18. 旅行社组织旅游者到指定购物场所购物，旅游者可以拒绝吗？

案例场景

石某“十一”期间要加班工作，不能回家陪父母出去游玩。回家的路上听到小区周边的老年人都在讨论要报团去海南玩。石某就去旅行社问了问，觉得这个旅行社是以带领游客游玩为主要项目，价格相对也比较合适，就给父母报团让他们去海南玩。结果到达的第 2 天，导游就要求游客在酒店对面的特产商店买特产。石某的父母不知道是怎么回事，就给石某打电话询问。石某也感到纳闷，给旅行社的负责人打电话询问情况，负责人称这是其中的一个项目。那么，这种情况应该怎么处理呢？

依法分析

根据《旅游法》第三十五条第一款、第二款的规定，旅行社不得以不合理的低价组织旅游活动，诱骗旅游者，并通过安排购物或者另行付费旅游项目获取回扣等不正当利益。旅行社组织、接待旅游者，不得指定具体购物场所，不得安排另行付费旅游项目。但是，经双方协商一致或者旅游者要求，且不影响其他旅游者行程安排的除外。也就是说，对于非游客自愿的购物安排是违法行为。本案中，该旅行社未取得旅游者同意而安排购物是违法的，会受到相关的处罚，如责令改正、没收违法所得、责令停业整顿、罚款等，而对于旅游者来讲，当然可以依法维权。对此，《旅游法》第三十五条第三款给予了明确的规定：“发生违反前两款规定情形的，旅游者有权在旅游行程结束后三十日内，要求旅行社为其办理退货并先行垫付退货货款，或者退还另行付费旅游项目的费用。”本案中的石某的父母等人可以依据此条的规定维护自己的合法权益。

法律条文

《中华人民共和国旅游法》

第三十五条 旅行社不得以不合理的低价组织旅游活动，诱骗旅游者，并通过安排购物或者另行付费旅游项目获取回扣等不正当利益。

旅行社组织、接待旅游者，不得指定具体购物场所，不得安排另行付费旅游项目。但是，经双方协商一致或者旅游者要求，且不影响其他旅游者行程安排的除外。

发生违反前两款规定情形的，旅游者有权在旅游行程结束后三十日内，要求旅行社为其办理退货并先行垫付退货货款，或者退还另行付费旅游项目的费用。

第九十八条 旅行社违反本法第三十五条规定的，由旅游主管部门责令改正，没收违法所得，责令停业整顿，并处三万元以上三十万元以下罚款；违法所得三十万元以上的，并处违法所得一倍以上五倍以下罚款；情节严重的，吊销旅行社业务经营许可证；对直接负责的主管人员和其他直接责任人员，没收违法所得，处二千元以上二万元以下罚款，并暂扣或者吊销导游证。

专家解析

旅行社诱导、欺骗旅游者消费，并以此获取不正当利益，从而以不合理低价组织、接待旅游者的经营模式及其具体行为都是法律所禁止的。旅行社经营旅游等服务的报价，除正当、合理的情形外，不得低于其经营、接待和服务成本，不得诱导、欺骗旅游者，也不得通过旅游者的消费收取回扣、“人头费”等形式的货币利益，包括非货币的有形或无形的利益。

19. 景区未违反安全保障义务，那么对游客的伤亡还需要承担责任吗？

案例场景

某山区景点在入口处标明了游览景点的地图，在旁边的大牌子上还注明了哪些景点是禁止游客进入的，以及哪些路是危险禁行的。“五一”期间，很多游客前往此景区观光，其中不乏一些自由行的人，金某和他们一起前往此景区，但是因为缺乏经验，金某并没有看到景区入口处的提示，也没有和其他人结伴而行。在爬到半山腰时，金某想抄近道前往山顶，但是近道前方已经注明了“此处危险，禁止通行”，金某觉得也出不了事，就直接前往，爬到一半时因为山路崎岖陡峭，金某脚下一滑，直接摔下山谷不治身亡。在这种情况下，景区有义务赔偿吗？

依法分析

游客购票到景区游览，景区负有保护其人身安全的义务。本案中，景区以导游图、游览须知等方式提醒游客，实际上对每一位不特定游客已尽到了告知景区景点、路线以及提醒游客道路险要、注意安全的义务。金某所走的路线是明确标明的非景点区域，且小径旁设置了警示标志，金某还是一意孤行选择了这条路线而导致事故发生，可以视为其有故意或者重大过失。景区在金某的人身伤亡事件中，不存在过错和违法性，依法不应当承担民事责任。

法律条文

《中华人民共和国旅游法》

第五十条 旅游经营者应当保证其提供的商品和服务符合保障人身、财产安全的要求。

旅游经营者取得相关质量标准等级的，其设施和服务不得低于相应标准；未取得质量标准等级的，不得使用相关质量等级的称谓和标识。

专家解析

旅游经营者所提供的商品和服务应符合安全的规定，保证商品和服务的安全性是旅游经营者必须履行的法定义务及首要义务。旅游经营者和旅游者之间因消费行为也存在合同关系，双方受合同约定的权利义务约束。旅游经营者应当按照合同要求提供健康、安全的商品和服务，即适当和全面履行合同。

第二章　婚姻家庭法律知识

20. 非婚生子女有权对其生父母提出履行抚养义务的要求吗?

案例场景

杨某和段某未婚育有一女,随后两人感情破裂,孩子也成为感情的牺牲品,虽然孩子最终由杨某抚养,但杨某为了自己可以开始新的生活,也为了不触景生情,便将孩子给了不能生育的姐姐抚养。孩子慢慢长大,最终知道了自己的亲生父母还健在,那么其有权要求杨某和段某对自己履行抚养义务吗?

依法分析

孩子有权要求自己的亲生父母履行抚养义务。在实际生活中,非婚生子女的地位是很尴尬的,通常得不到父母的承认,生活也没有保障。我国《婚姻法》第二十五条针对这样的问题,已经进行了非常明确的规定,即非婚生子女享有与婚生子女同等的权利,任何人不得加以危害和歧视。这一规定从立法上保护了非婚生子女的合法权益。

法律条文

《中华人民共和国婚姻法》

第二十五条 非婚生子女享有与婚生子女同等的权利,任何人不得加以危害和歧视。

不直接抚养非婚生子女的生父或生母,应当负担子女的生活费和教育费,直至子女能独立生活为止。

专家解析

非婚生子女是指没有婚姻关系的男女所生的子女。非婚生子女主要包括以下几种情况:未婚男女或已婚男女与第三人发生性行为所生的子女、无效婚姻当事人所生子女以及妇女被强奸后所生的子女。在法律上各国都确认了非婚生子女和婚生子女享有同等的权利,任何人不得加以危害和歧视。由此可知,非婚生子女的法律地位与婚生子女的法律地位是一致的,任何人都不得以此为理由损害非婚生子女的合法权益。

21. 继父可以取得未成年继子女的抚养权吗?

案例场景

谢某与张某离婚,离婚后谢某带着女儿乖乖嫁给了段某,婚后一直幸福地生活着。但天意弄人,在一场车祸中谢某不幸去世,段某悲痛欲绝。段某一直把乖乖当作自己亲生的孩子,乖乖也特别喜欢她的继父。乖乖的生父得知谢某离世后,便向段某索要乖乖的抚养权。段某不同意将乖乖送归张某抚养,因为张某有酗酒、赌博等恶习，段某不放心把孩子交给这样的人。那么，段某是否可以取得乖乖的抚养权呢？

依法分析

我国《婚姻法》第二十七条规定："继父母与继子女间，不得虐待或歧视。继父或继母和受其抚养教育的继子女间的权利和义务，适用本法对父母子女关系的有关规定。"可见，形成抚养教育关系的继父母、继子女间的权利义务，应当等同于父母与子女间的权利义务。据此，继父母对与之形成抚养教育关系的继子女享有抚养权是不言而喻的。另外，《最高人民法院关于人民法院审理离婚案件处理子女抚养问题的若干具体意见》第十三条规定："生父与继母或生母与继父离婚时，对曾受其抚养教育的继子女，继父或继母不同意继续抚养的，仍应由生父母抚养。"根据这一规定，可以明确继父母离婚时，继子女既可以由生父或生母抚养，也可以由继父或继母抚养，只是在继父或继母不同意抚养的情况下，才应由生父或生母抚养。本案中，乖乖一直受其继父段某的抚养教育，双方已经形成抚养教育关系，而张某未对乖乖尽抚育义务，父女感情已经疏远。段某也表示愿意抚养乖乖，故乖乖由段某抚养比较有利。张某有酗酒、赌博等恶习，从保护乖乖的合法权益及有利于其健康成长出发，乖乖由段某抚养是恰当的。

法律条文

《中华人民共和国婚姻法》

第二十七条　继父母与继子女间，不得虐待或歧视。

继父或继母和受其抚养教育的继子女间的权利和义务，适用本法对父母子女关系的有关规定。

《最高人民法院关于人民法院审理离婚案件处理子女抚养问题的若干具体意见》

第十三条 生父与继母或生母与继父离婚时，对曾受其抚养教育的继子女，继父或继母不同意继续抚养的，仍应由生父母抚养。

专家解析

继子女通常是指夫或妻一方与前配偶所生的子女；继父母是指子女母亲或者父亲再婚的配偶。继父母和继子女的关系是由于生父母一方死亡，另一方带子女再婚后形成的。在通常情况下，继父母与继子女之间的关系属于姻亲范围，如果继父母与继子女形成抚养关系，或者继父母将继子女收养为养子女，他们才形成法律拟制直系血亲关系。很明显，在上述情况下，法律设置了一种拟制血亲，以使得继父母与继子女之间的权利义务关系与生父母之间的权利义务关系相一致。

22. 离婚后孩子抚养权归属的确定依据是什么？

案例场景

张某与李某结婚5年，有一个4岁的孩子，因为李某酗酒，且酒后有暴力倾向，经常摔打家具物品，甚至还对张某进行辱骂，所以张某十分惧怕李某醉后的模样。张某多次劝诫未果，最终提出了离婚并且要求由自己抚养孩子。李某同意离婚但是不同意孩子由张某抚养，两人闹上法庭。那么，法院会把孩子判给谁抚养呢？

依法分析

我国《婚姻法》规定，离婚后，哺乳期内的子女，以随哺乳的母亲抚养为原则。哺乳期后的子女，如双方因抚养问题发生争执不能达成协议时，由人民法院根据子女的权益和双方的具体情况判决。本案中，张某向李某提出离婚时，其孩子虽已过哺乳期，但因李某有酗酒的恶习且酒后有暴力倾向，故为了孩子的健康成长，法院应当判决孩子由其母亲张某抚养。

法律条文

《中华人民共和国婚姻法》

第三十六条 父母与子女间的关系，不因父母离婚而消除。离婚后，子女无论由父或母直接抚养，仍是父母双方的子女。

离婚后，父母对于子女仍有抚养和教育的权利和义务。

离婚后，哺乳期内的子女，以随哺乳的母亲抚养为原则。哺乳期后的子女，如双方因抚养问题发生争执不能达成协议时，由人民法院根据子女的权益和双方的具体情况判决。

《最高人民法院关于人民法院审理离婚案件处理子女抚养问题的若干具体意见》

第一条 两周岁以下的子女，一般随母方生活。母方有下列情形之一的，可随父方生活：

(1)患有久治不愈的传染性疾病或其他严重疾病，子女不宜与其共同生活的；

(2)有抚养条件不尽抚养义务，而父方要求子女随其生活的；

(3)因其他原因，子女确无法随母方生活的。

第二条 父母双方协议两周岁以下子女随父方生活，并对子女健康成长无不利影响的，可予准许。

专家解析

婚姻关系的解除，只是夫妻双方基于婚姻而存在的人身关系和财产关系归于消灭，但父母与子女之间存有的血亲关系不因父母离婚而消除。因收养而形成的拟制血亲，除依法变更收养关系外，也不因养父母离婚而消除。离婚后，哺乳期内的子女，以随哺乳的母亲抚养为原则。哺乳期后的子女，如双方因抚养问题发生争执不能达成协议时，由人民法院根据子女的权益和双方的具体情况判决。父母离婚后，原先确定的对子女的抚养方式也不是一成不变的，如果父母的抚养条件发生了重大变化，或者子女要求改变抚养归属，就可根据实际情况而进行变更。

23. 祖父母对双亲过世的孙子女有抚养义务吗？

案例场景

谢某原本有一个和谐美好的家庭，但在一次外出游玩中，一家人遭遇车祸，其父母在车祸中丧生，只有 9 岁的谢某幸存。谢某没有了父母，只剩下年事已高的祖父母和外祖父母，祖父母承担起了抚养谢某的责任。那么，对于失去双亲的未成年人，祖父母有抚养义务吗？

依法分析

父母已经死亡或父母无力抚养未成年子女时，祖父母和外祖父母如有负担能力，应履行抚养的义务。对此，我国《婚姻法》是有明确规定的。《婚姻法》第二十八条规定,“有负担能力的祖父母、外祖父母,对于父母已经死亡或父母无力抚养的未成年的孙子女、外孙子女,有抚养的义务”。因此,如果谢某的祖父母有负担能力,就应当承担起对谢某的抚养义务。

法律条文

《中华人民共和国婚姻法》

第二十八条 有负担能力的祖父母、外祖父母,对于父母已经死亡或父母无力抚养的未成年的孙子女、外孙子女,有抚养的义务。有负担能力的孙子女、外孙子女,对于子女已经死亡或子女无力赡养的祖父母、外祖父母,有赡养的义务。

《中华人民共和国民法通则》

第二十七条第二款 未成年人的父母已经死亡或者没有监护能力的,由下列有监护能力的人按顺序担任监护人:

(一) 祖父母、外祖父母;

(二) 兄、姐;

……

专家解析

祖父母、外祖父母对孙子女、外孙子女履行抚养义务必须具备三个条件:第一,祖父母、外祖父母必须有负担能力。如果他们没有一定的抚养能力,那么就不能再要求其承担相应的法律责任。第二,孙子女、外孙子女的父母已经死亡或者父母无力抚养。通常情形下,只有孩子的父母才有权利抚养孩子,但是,法律从保护未成年人身心健康方面考虑,如果孩子的父母已经无法对孩子尽到抚养和教育的义务,在这种情形下,为孩子选择新的监护人是有必要的。第三,孙子女、外孙子女是未成年人的。从我国法律的规定来看,父母对子女抚养和教育的义务是对于未成年的子女而言的。祖父母、外祖父母对孙子女、外孙子女的抚养和教育义务也是对于未成年的孙子女和外孙子女而言的。

24. 子女与父母达成不赡养父母的协议具有法律效力吗?

案例场景

韩某和张某结婚不久后生下儿子圆圆,在圆圆3岁的时候,韩某和张某因性格不合协议离婚,圆圆判给母亲张某抚养,韩某每个月支付600元生活费,且有探视权。但是张某出于报复心理,从来不让韩某探视圆圆,并且在圆圆的成长过程中不断给圆圆灌输其种种不是,圆圆也因此憎恨韩某。在圆圆24岁的时候,张某更是怂恿其与韩某签订一份断绝往来、不对韩某进行赡养的协议。几年后,韩某因车祸导致生活无依无靠,也无生活来源,需要圆圆的赡养,可圆圆以协议为由拒绝。那么,这份协议是否有效?

依法分析

根据我国《婚姻法》《老年人权益保障法》的规定,赡养父母是成年子女的法定义务,这种义务是无条件的,任何人不得以任何理由推卸。当父母丧失劳动能力、生活困难时,子女应当给付生活费,当父母生病时,子女应当悉心照料,提供医疗费用等。这是赡养人应尽的义务,既不允许赡养人以任何理由拒绝履行,也不能对履行附加任何条件。因此,本案中圆圆不能因签订了协议而不履行对韩某的赡养义务。

法律条文

《中华人民共和国老年人权益保障法》

第十九条第一款 赡养人不得以放弃继承权或者其他理由，拒绝履行赡养义务。

专家解析

在现实生活中，存在子女以各种借口推诿赡养义务的现象，为了避免子女逃避对父母的赡养义务，法律规定子女和其他赡养人不得以放弃继承权或者其他各种理由来拒绝履行赡养义务，也就是说，即使子女放弃对父母去世后遗产的继承权，也仍然需要履行照料、看护父母的义务。而老年人遇到儿女不履行赡养义务的，可以依法向有管辖权的人民法院提起诉讼。值得注意的是，继承权不是履行赡养义务的对等权利，所以即使放弃继承权，也不能影响赡养义务的承担。

25. 子女可以因为老人再婚而拒绝承担赡养义务吗？

案例场景

郑某是某村村民，郑某的母亲在他很小的时候就去世了，其从小与父亲相依为命。多年来，父亲为了能够全心全意地抚养郑某长大，一直没有再婚。郑某成家立业之后，郑某的父亲准备再婚，希望自己的晚年可以有人陪伴。但是，郑某听说后却大发雷霆，扬言只要父亲敢再婚，自己就会与他断绝父子关系，不会给父亲养老送终。那么，子女可以因为老人再婚而拒绝承担赡养义务吗？

依法分析

子女不能因为父母再婚而拒绝承担赡养义务。我国《婚姻法》第二十一条及第三十条规定，父母对子女有抚养教育的义务；子女对父母有赡养扶助的义务。子女应当尊重父母的婚姻权利，不得干涉父母再婚以及婚后的生活。子女对父母的赡养义务，不因父母的婚姻关系变化而终止。另外，我国《老年人权益保障法》第二十一条也规定，老年人的婚姻自由受法律保护。子女或者其他亲属不得干涉老年人离婚、再婚及婚后的生活。赡养人的赡养义务不因老年人的婚姻关系变化而消除。据此可知，赡养义务是子女对父母的法定义务，此种义务不会因为父母再婚而消除。子女不能干涉老年人的婚姻自由，更不能因父母再婚而拒绝承担对父母的赡养义务。

法律条文

《中华人民共和国婚姻法》

第二十一条第一款 父母对子女有抚养教育的义务；子女对父母有赡养扶助的义务。

第三十条 子女应当尊重父母的婚姻权利，不得干涉父母再婚以及婚后的生活。子女对父母的赡养义务，不因父母的婚姻关系变化而终止。

《中华人民共和国老年人权益保障法》

第二十一条 老年人的婚姻自由受法律保护。子女或者其他亲属不得干涉老年人离婚、再婚及婚后的生活。

赡养人的赡养义务不因老年人的婚姻关系变化而消除。

专家解析

法律明确规定子女的赡养义务不能因老年人的婚姻关系变化而消除，禁止子女干涉老年人的婚姻自由。这样规定，有利于引导公民保护老年人的婚姻自由，依法履行对父母的赡养义务。另一方面，这也有利于保护老年人的婚姻自由权，使得老年人不会因为子女拒绝承担赡养义务而影响自己的婚姻自由。

26. 没有到法定结婚年龄的情侣是否可以办理婚姻登记？

案例场景

叶叶和龙龙在打工时结识，双方产生好感并确立了恋爱关系，19 岁的叶叶认为 22 岁的龙龙是个特别贴心的小伙子，于是便以身相许，不久叶叶发现自己怀孕了，两个人都特别高兴，决定马上结婚把宝宝生下来。叶叶和龙龙带着身份证和户口本来到民政局准备办理结婚登记手续，可是工作人员以叶叶未达到法定结婚年龄为由拒绝为两人办理。那么，民政局有权拒绝未到法定结婚年龄的情侣办理结婚登记吗？

依法分析

毫无疑问，民政局拒绝给二人办理结婚登记是正确的。龙龙 22 周岁，比叶叶大 3 岁，叶叶只有 19 周岁，而法律规定女方结婚年龄是 20 周岁。所以，民政局拒绝他们的婚姻登记请求是正确的。在我国，结婚必须达到法定婚龄。《婚姻法》关于法定婚龄的规定具有强制力，要求结婚的男女双方必须遵守，任何一方没有达到法定婚龄的，不得结婚。最低法定结婚年龄是划分无效婚姻与有效婚姻的年龄界限，未达法定婚龄而结婚的，婚姻登记机关不会给予登记。即使当事人谎报年龄骗取登记，一旦经过查实，这种婚姻也属于无效婚姻。

法律条文

《中华人民共和国婚姻法》

第六条 结婚年龄，男不得早于二十二周岁，女不得早于二十周岁。晚婚晚育应予鼓励。

专家解析

所谓法定婚龄是指，法律上规定的男女可以结婚的最低年龄。根据法律规定，男性不得在二十二周岁之前结婚，女性不得在二十周岁之前结婚。这里的周岁，指的是按公元纪年法所计算的周岁。比如，张某(男)是 1997 年 6 月 1 日出生，那么到 2019 年 5 月 31 日，他就满二十二周岁了，即从 2019 年 6 月 1 日起，其就可以去结婚登记了。

27. 未婚同居发生纠纷请求法院介入，法院会受理吗？

案例场景

小张和小谢是大学同学，两个人在学习和生活的接触中产生了好感，并且建立了同居的关系。因为生活中的摩擦总是不断，于是两个人决定分手，可是就在这时小谢发现自己怀孕了，两个人决定把孩子打掉，可是需要 3000 元左右的费用，为此两人产生了纠纷，小谢决定把小张告上法庭。由于是未婚同居，小谢不知道法院会不会受理。那么，法院会受理这种因未婚同居而发生的纠纷吗？

依法分析

《最高人民法院关于适用〈中华人民共和国婚姻法〉若干问题的解释（二）》第一条第二款规定："当事人因同居期间财产分割或者子女抚养纠纷提起诉讼的，人民法院应当受理。"据此可以得知，法院是会受理同居后一方因分割同居期间财产或子女抚养纠纷而提起的诉讼的。当然，国家之所以这样做并不是从法律上肯定未婚同居的正当性，而是为了维护当事人的人身及财产权益。也就是说，同居没有办理婚姻登记的，后来发生纠纷时也可以运用法律手段维护自身的权益。因此，小张和小谢产生的纠纷可以通过法律途径获得解决，法院也应当受理。

法律条文

《最高人民法院关于适用〈中华人民共和国婚姻法〉若干问题的解释（二）》

第一条 当事人起诉请求解除同居关系的，人民法院不予受理。但当事人请求解除同居关系，属于婚姻法第三条、第三十二条、第四十六条规定的"有配偶者与他人同居"的，人民法院应当受理并依法予以解除。

当事人因同居期间财产分割或者子女抚养纠纷提起诉讼的，人民法院应当受理。

专家解析

人民法院审理同居关系纠纷，目的和重点在于解决同居期间的财产纠纷及子女抚养问题。同居生活状态是当事人私人生活领域内的事情，只要其不违反法律规定，没有损害他人的合法权益，应该尽量减少对当事人意思表示的干预。至于“有配偶者与他人同居”的同居关系，是一种严重影响一夫一妻制的行为，对于社会风气起到极大破坏作用，已侵犯了他人的合法权益，违反了《婚姻法》中“禁止有配偶者与他人同居”的规定，其行为已经侵害了社会公共利益，突破了道德范畴，必须由法律作出调整。

28. 因受胁迫而结婚的一方能否请求撤销该婚姻?

案例场景

小黑和小白是青梅竹马的一对儿，且两家是世交，关系非常好。懵懂青涩的两人从初中起就确立了恋爱关系，小黑的父母做生意失利家境败落，而他马上又要上大学，大笔费用没有着落。小白家考虑两家世交的关系，并且可能成为亲家就承诺会承担小黑今后的一切费用。小黑和小白虽一直谈恋爱，但是小白越来越骄纵的性格让小黑甚觉疲惫，遂提出了分手。小白顿时觉得天崩地塌，遂威胁小黑如果不立马和她结婚就让他还清所有的债务，包括家里借给小黑父母的数十万元钱。小黑看到日渐憔悴的父母，不忍心再给他们徒增烦恼，自己也确实还不起，遂同意和小白结婚。婚后的小白经常以此相要挟，迫使小黑同意诸多事情，小黑终于决定不再忍受，向法院提出撤销他和小白婚姻的请求。他的请求合法吗？法院会受理吗？

依法分析

法院会受理并会支持小黑的诉讼请求。我国《婚姻法》规定，受胁迫而结婚是可撤销婚姻的法定情形。本案中，小黑是因为受到胁迫而与小白结婚的，符合我国《婚姻法》规定的可撤销婚姻情形，法院会依法受理小黑的请求，保护小黑的合法权益。

法律条文

《中华人民共和国婚姻法》

第十一条 因胁迫结婚的，受胁迫的一方可以向婚姻登记机关或人民法院请求撤销该婚姻。受胁迫的一方撤销婚姻的请求，应当自结婚登记之日起一年内提出。被非法限制人身自由的当事人请求撤销婚姻的，应当自恢复人身自由之日起一年内提出。

《最高人民法院关于适用〈中华人民共和国婚姻法〉若干问题的解释（一）》

第十条第一款 婚姻法第十一条所称的“胁迫”，是指行为人以给另一方当事人或者其近亲属的生命、身体健康、名誉、财产等方面造成损害为要挟，迫使另一方当事人违背真实意愿结婚的情况。

专家解析

可撤销婚姻，是指当事人因意思表示不真实而成立的婚姻，或者当事人成立的婚姻在结婚的要件上有欠缺，通过有撤销权的当事人行使撤销权，使已经发生法律效力的婚姻关系失去法律效力。胁迫婚姻违反了结婚须男女双方完全自愿的原则，因此法律规定其属于可撤销的婚姻。有权提出撤销婚姻效力的申请人只能是因胁迫结婚的被胁迫人，因受胁迫方在缔结婚姻关系时不能真实地表达自己的意愿。受胁迫的人要行使自己的撤销权必须在法定的期限内行使，如果超过了法定期限，则受胁迫人的撤销权消失。该法定期限为，受胁迫的一方撤销婚姻的请求，应当自结婚登记之日起一年内提出。被非法限制人身自由的当事人请求撤销婚姻的，应当自恢复人身自由之日起一年内提出。

29. 离婚后的夫妻未办理复婚手续而重新生活在一起的，受《婚姻法》保护吗？

案例场景

小胖和小张是大学同学，二人在毕业后不久就结婚了，婚后育有一个男孩。本来和谐美好的家庭关系，被小张出轨所打破，小胖果断和小张离婚。离婚后的小张才知道自己有多依赖小胖，所以拼命示好，努力改正，证明自己的真心，最终小胖被感动，重新和小张生活在了一起，但两人没有办理相关的复婚手续。在这种情况下的婚姻有法律效力吗？

依法分析

《婚姻法》第三十五条明确规定："离婚后，男女双方自愿恢复夫妻关系的，必须到婚姻登记机关进行复婚登记。"据此可知，本案的小胖和小张不到婚姻登记机关进行复婚登记，二人的婚姻关系在法律上是不能自行恢复的。

法律条文

《中华人民共和国婚姻法》

第三十五条 离婚后，男女双方自愿恢复夫妻关系的，必须到婚姻登记机关进行复婚登记。

《中华人民共和国婚姻登记条例》

第十四条 离婚的男女双方自愿恢复夫妻关系的，应当到婚姻登记机关办理复婚登记。复婚登记适用本条例结婚登记的规定。

专家解析

复婚是指，已离婚的男女双方自愿恢复夫妻关系，到婚姻登记机关办理登记手续，重新确立婚姻关系的行为。复婚是一种法律行为，如果男女双方离婚后又自愿要求恢复夫妻关系的，说明双方的感情并未完全破裂，或造成离婚的原因已被消除。复婚必须经过法定的程序，到婚姻登记机关办理登记手续，将原离婚证或法院判决书（或调解书）缴回撤销，发给复婚登记证，恢复其合法的夫妻关系。离婚当事人双方不经复婚登记，私下同居，不能取得合法的夫妻身份，也不能受到法律的保护。

30. 合法婚姻的当事人如何在重婚导致的无效婚姻中进行维权？

案例场景

小马和小夏是在旅行途中结识的，二人发现志趣一致，情投意合，遂决定结婚。可是二人的家庭都不是很富裕，二人也是刚刚工作不久没有多少积蓄，最终四拼八凑合资买了婚房。婚后小马经常出差，在小马出差的日子里小夏结识了流浪画家小月，两人同居于小夏和小马买的房子里，合资买了一辆车，也登记结了婚。小马回来发现小夏和小月结婚并住在自己和小夏合资买的房子后傻了眼。小马以重婚为由将小夏告上了法庭。小马认为自己有与小夏合资购买的房屋的居住权和部分财产的所有权。那么，小马该如何维护自己的合法权益？

依法分析

本案中，小马和小夏登记结婚后，在小马外出工作期间，小夏又与第三人小月登记结婚，根据我国《婚姻法》的规定，小夏和小月的婚姻属于重婚。《婚姻法》第十条规定，重婚属于无效的婚姻，不受法律保护。而对于无效的婚姻，当事人及利害关系人有权申请法院宣告婚姻无效。在小夏和小月的婚姻被宣告无效后，涉及财产纠纷时，不得侵害合法婚姻当事人的财产权益。《最高人民法院关于适用〈中华人民共和国婚姻法〉若干问题的解释（一）》第十六条规定："人民法院审理重婚导致的无效婚姻案件时，涉及财产处理的，应当准许合法婚姻当事人作为有独立请求权的第三人参加诉讼。"本案中，无效婚姻当事人小夏和小月在分割财产时，由于该房屋及家用电器等属于小夏和小马共同购买，因此小马可以向法院提出申请，要求作为有独立请求权的第三人参加诉讼。而法院在处理因重婚导致的无效婚姻案件中的财产纠纷时，首先会对第一个婚姻中的共同财产依法进行分割，不会将重婚者所有的财产都作为重婚当事人同居期间所得的财产，分割后确认为重婚者合法配偶的财产，则不属于重婚当事人同居期间所得的财产。

法律条文

《最高人民法院关于适用〈中华人民共和国婚姻法〉若干问题的解释(一)》

第十六条 人民法院审理重婚导致的无效婚姻案件时,涉及财产处理的,应当准许合法婚姻当事人作为有独立请求权的第三人参加诉讼。

专家解析

我国法律规定重婚导致的婚姻无效在进行财产处理时,不得侵害合法婚姻当事人的财产权益。因为重婚者的第一个婚姻是合法有效的婚姻,其后的婚姻才是无效婚姻。有配偶又与他人结婚的人,如果其财产属于第一个婚姻中夫妻的共同财产,第一个婚姻中的另一方对该财产提出请求时,应当首先对第一个婚姻中的共同财产依法进行分割,不得将重婚者所有的财产都作为重婚当事人同居期间所得的财产。分割后确认为重婚者合法配偶的财产,则不属于重婚当事人同居期间所得的财产。因此,允许合法婚姻当事人作为有独立请求权的第三人参加诉讼有利于查明当事人之间财产的真实情况,以便法院公平合理地处理纠纷。

31. 未婚同居的情侣是否互相享有继承权?

案例场景

小张和小丽于2013年经人介绍相识,二人情投意合很快就生活在了一起。因为两个人都认为婚姻是爱情的牢笼,所以决定只谈恋爱不结婚，但对外都以夫妻相称。同居后，通过努力，小张和小丽共同购置了一套小户型商品房和一辆小轿车，也攒下了一些存款，小日子过得风生水起，可是好景不长，小张在一次外出时不慎出了车祸当场死亡。那么小丽有权以配偶的名义继承小张的财产吗？

依法分析

小张和小丽的同居生活是在1994年2月1日民政部《婚姻登记管理条例》公布实施以后，所以小张和小丽之间的关系应为同居关系，并不为合法有效的婚姻关系。根据《最高人民法院关于适用〈中华人民共和国婚姻法〉若干问题的解释（一）》第六条规定："未按婚姻法第八条规定办理结婚登记而以夫妻名义共同生活的男女，一方死亡，另一方以配偶身份主张享有继承权的，按照本解释第五条的原则处理。"而该解释第五条规定，未按婚姻法第八条规定办理结婚登记而以夫妻名义共同生活的男女，起诉到人民法院要求离婚的，应当以1994年2月1日民政部《婚姻登记管理条例》的公布实施为界点区别对待，分为承认事实婚姻和视为同居关系两种情形。由此可知，小张和小丽之间的关系为同居关系，不具备合法有效婚姻当事人享有的继承权。因此，小丽无权以配偶的身份主张享有继承权，只能向法院起诉解除同居关系，对其与小张共同生活期间的财产进行分割。

法律条文

《最高人民法院关于适用〈中华人民共和国婚姻法〉若干问题的解释（一）》

第五条 未按婚姻法第八条规定办理结婚登记而以夫妻名

义共同生活的男女，起诉到人民法院要求离婚的，应当区别对待：

（一）1994 年 2 月 1 日民政部《婚姻登记管理条例》公布实施以前，男女双方已经符合结婚实质要件的，按事实婚姻处理；

（二）1994 年 2 月 1 日民政部《婚姻登记管理条例》公布实施以后，男女双方符合结婚实质要件的，人民法院应当告知其在案件受理前补办结婚登记；未补办结婚登记的，按解除同居关系处理。

第六条 未按婚姻法第八条规定办理结婚登记而以夫妻名义共同生活的男女，一方死亡，另一方以配偶身份主张享有继承权的，按照本解释第五条的原则处理。

专家解析

同居生活期间一方死亡，另一方要求继承死者遗产，如认定为事实婚姻关系的，可以配偶身份按继承法的有关规定处理；如认定为同居关系，而又符合《继承法》第十四条规定的，可根据相互扶助的具体情况处理，即对继承人以外的依靠被继承人扶养的缺乏劳动能力又无生活来源的人，或者继承人以外的对被继承人扶养较多的人，可以分给他们适当的遗产。

32. 没有离婚的夫妻可以分割共同财产吗？

案例场景

小倩与小陈是大学同学，二人毕业后没找到合适的工作，便决定靠小倩的美甲技术开一家美甲店，小陈负责店里的杂事。后来经人介绍，小陈找到了一份收入可观的工作，美甲店只能由小倩一个人打理，小倩把每个月美甲店赚的钱都存到自己的卡里，而后便对小陈谎称美甲店没有赚钱。渐渐地，二人因此产生了矛盾。小陈到法院对小倩进行起诉，要求法院对美甲店的收入进行分割以要回属于自己的那部分财产。那么法院应该怎么判决呢？

依法分析

《最高人民法院关于适用〈中华人民共和国婚姻法〉若干问题的解释（三）》第四条明确规定了夫妻一方在婚姻关系存续期间可以请求分割共同财产的两种情形：第一，一方有隐藏、转移、变卖、毁损、挥霍夫妻共同财产或者伪造夫妻共同债务等严重损害夫妻共同财产利益行为的；第二，一方负有法定扶养义务的人患重大疾病需要医治，另一方不同意支付相关医疗费用的。上述案件中，小倩把美甲店所挣的钱据为己有，并对小陈隐瞒事实的真相，小陈有权利请求法院对夫妻共同财产进行分割，法院应当支持小陈的诉讼请求。

法律条文

《最高人民法院关于适用〈中华人民共和国婚姻法〉若干问题的解释（三）》

第四条　婚姻关系存续期间，夫妻一方请求分割共同财产的，人民法院不予支持，但有下列重大理由且不损害债权人利益的除外：

（一）一方有隐藏、转移、变卖、毁损、挥霍夫妻共同财产或者伪造夫妻共同债务等严重损害夫妻共同财产利益行为的；

（二）一方负有法定扶养义务的人患重大疾病需要医治，另一方不同意支付相关医疗费用的。

专家解析

一般情况下，夫妻分割共同财产，要以离婚为前提条件，如果不离婚，是不能提出分割共同财产请求的。但考虑到一些特殊情况，我国司法解释明确了当出现两种例外情况时，可以在不离婚的情况下分割共同财产。这样的规定是对婚姻财产的重大突破，它确立了婚内分割财产制度，会对夫妻双方中弱势一方起到保护作用。在符合一定条件的情况下，弱势方不用以婚姻破裂为代价，在婚内直接起诉要求对共同财产进行分割，从而保护自己的财产不受损失。同时，该规定还可以保护夫妻间在经济上处于弱势的一方，尤其是长年担任家庭主妇的女性面临被动离婚的困境时，有了很好的救济渠道。但是这种分割共同财产需有重大理由且不损害债权人利益。

33. 夫妻一方擅自出售夫妻二人共同拥有的房屋时，另一方如何维权？

案例场景

张某和宋某是相亲结识的，通过相处两人对对方都很满意，决定喜结连理。婚后宋某得知张某赌博成瘾，经常将二人的积蓄输光不说，还趁宋某回老家时把一套婚后两人共同购买的房子转卖给了第三人牛某，想要抵偿他欠下的赌债，并且办理了过户手续。宋某回来后得知此事便去找牛某理论，说此房虽登记在张某名下但实则为二人共同财产，张某无权处分，要求牛某返还。那么，宋某能否要回该房子？

依法分析

宋某不能要回房子。根据《最高人民法院关于适用〈中华人民共和国婚姻法〉若干问题的解释（三）》第十一条的规定，一方未经另一方同意出售夫妻共同共有的房屋，第三人善意购买、支付合理对价并办理产权登记手续，另一方主张追回该房屋的，人民法院不予支持。夫妻一方擅自处分共同共有的房屋造成另一方损失，离婚时另一方请求赔偿损失的，人民法院应予支持。因此，张某的妻子宋某无权要求牛某返还其夫妻共有的房屋。如果张某擅自处分他们二人共同共有的房屋给宋某造成损失的，她可以在离婚时向其丈夫张某提出损害赔偿请求。

法律条文

《最高人民法院关于适用〈中华人民共和国婚姻法〉若干问题的解释（三）》

第十一条 一方未经另一方同意出售夫妻共同共有的房屋，第三人善意购买、支付合理对价并办理产权登记手续，另一方主张追回该房屋的，人民法院不予支持。

夫妻一方擅自处分共同共有的房屋造成另一方损失，离婚时另一方请求赔偿损失的，人民法院应予支持。

专家解析

无处分权人将不动产或者动产转让给受让人的，所有权人有权追回；除法律另有规定外，符合下列情形的，受让人取得该不动产或者动产的所有权：1. 受让人受让该不动产或者动产时是善意的；2. 以合理的价格转让；3. 转让的不动产或者动产依照法律规定应当登记的已经登记，不需要登记的已经交付给受让人。也就是说，为保护交易安全，维护第三人的利益，法律支持第三人的善意取得，而该规定也同时适用于夫妻一方擅自转让双方共有财产的情形。因一方擅自转移财产所有权给另一方造成损失，另一方在离婚时提出赔偿损失请求的，法院才予以支持。

34. 房屋由夫妻一方婚前贷款购买，婚后双方共同还贷，离婚时房屋该怎样分配？

案例场景

小样和小牛结识于一家奶茶店，两人都是大学毕业不久的待业者，找工作的心烦苦痛如此相似，让两个人感觉同为天涯沦落人，于是互生爱慕，决定结婚。由于双方家庭都不是很富裕，于是决定由男方小牛家首付 12 万元买房，婚后小样和小牛共同偿还贷款。就这样，小样和小牛结了婚，婚后沉重的经济压力让他们疲惫不堪，二人开始争吵，最终走向了离婚。在分割房子的问题上二人发生了争执。小样认为房屋是婚后共同还贷的，要求分割，小牛认为二人婚后只还了 5 万元，还有 16 万元未还，而此房市值 50 万元，因此二人要共同承担债务。那么二人离婚时该如何分割该房屋？

依法分析

根据《婚姻法》第三十九条第一款及《最高人民法院关于适用〈中华人民共和国婚姻法〉若干问题的解释（三）》第十条之规定，夫妻一方婚前以个人名义个人财产购买的不动产产权登记在一方名下的，婚后用夫妻共同财产还贷的，离婚时该不动产由双方协议处理。协议不成的，法律规定该不动产属于产权登记人个人所有，尚未归还的贷款为产权登记一方的个人债务。双方婚后共同还贷支付的款项及其相对应财产增值部分，离婚时应根据《婚姻法》第三十九条第一款规定的原则，由产权登记一方对另一方进行补偿。

具体到本案中，婚后二人共同还贷5万元，应确定为用夫妻共同财产偿还债务，现双方离婚，对此部分必然要进行分割。该房的增值部分（50万元减去房屋总价33万元为17万元）也应作为夫妻共同财产予以分割，但应扣除首付款所占的增值比例。对于本案中产权登记在小牛名下的房屋，根据法律的规定，夫妻双方在离婚时，由二人协商处理。协商不成的，可由人民法院判决该房屋归属产权登记人所有，尚未还清的房贷属于产权登记人小牛的个人债务。

法律条文

《中华人民共和国婚姻法》

第三十九条 离婚时，夫妻的共同财产由双方协议处理；协议不成时，由人民法院根据财产的具体情况，照顾子女和女方权益的原则判决。

夫或妻在家庭土地承包经营中享有的权益等，应当依法予以保护。

《最高人民法院关于适用〈中华人民共和国婚姻法〉若干问题的解释（三）》

第十条 夫妻一方婚前签订不动产买卖合同，以个人财产支付首付款并在银行贷款，婚后用夫妻共同财产还贷，不动产登记于首付款支付方名下的，离婚时该不动产由双方协议处理。

依前款规定不能达成协议的，人民法院可以判决该不动产归产权登记一方，尚未归还的贷款为产权登记一方的个人债务。双方婚后共同还贷支付的款项及其相对应财产增值部分，离婚时应根据婚姻法第三十九条第一款规定的原则，由产权登记一方对另一方进行补偿。

专家解析

现在夫妻购房大多采取贷款形式，一方婚前贷款买房，买卖行为发生在婚前，甚至房产证取得也在婚前，按《婚姻法》的字面意思，这房子就是婚前个人财产了。但是，婚前首付很可能只是房款的一小部分，另一方在婚后承担了还贷义务，如果简单认定房屋是一方的婚前财产，那另一方岂不是在替对方还贷？即使婚后的还贷是婚前买房一方用个人收入进行的，但婚后任何一方的收入都是夫妻共同财产，实际上还是在用夫妻共同财产还贷。因此，对婚前首付婚后共同还贷的房屋，在离婚时应由双方协商处理；协商不成的，双方婚后共同还贷部分的款项及其对应的增值部分，按共同财产分割。这体现了付出与所得相符合的公平原则。

35. 离婚时，一方可以分割另一方还未领取的养老保险金吗？

案例场景

杨某的老公患癌症去世，无依无靠的杨某就想找一个靠得住的人过日子。一直单身的宋某成了她的候选对象，二人在接触中互生好感,遂进行了结婚登记。可婚后杨某发现宋某太过自私,根本不关心自己,所以决定和宋某离婚。在法庭上,杨某要求对养老保险金进行分割,宋某不同意。原来宋某已经达到法定退休年龄,而杨某还未达到。那么,法院应该支持杨某的诉讼请求吗?

依法分析

根据现实状况,养老保险金存在着三种不同的情形:第一种是离婚时,男女双方均已达法定退休年龄,已开始领取养老保险金;第二种是离婚时,男女双方均未达法定退休年龄,已缴纳了一定数额的养老保险费,但尚未开始领取养老保险金;第三种是一方已开始领取养老保险金,另一方尚未开始领取养老保险金。针对这三种不同的情形,离婚时养老保险金应按以下方式分割:第一种情形,双方按月领取养老保险金的数额明确,在分割时可操作性强,可按平等原则进行处理,即由领取保险金多的一方按月给少的一方补付差额款即可。第二种情形,其分割的可操作性较差,且领取养老保险金还存在一定的预期,法院只能根据平等原则进行分割,即以双方实际缴纳的养老保险费总额为基数,按平等原则进行分割,由养老保险费账户总额多的一方给少的一方补差。第三种情形,可以将养老保险金账户中婚姻关系存续期间个人实际缴付部分作为夫妻共同财产分割。

本案中,双方名下的养老保险金属于第三种情形,由于杨某还未达到法定的退休年龄,还未实际领取养老保险金,因此,杨某诉求中要求分割宋某个人名下的养老保险金得不到法院的支持。但是,对于在婚姻关系存续期间宋某以夫妻共同财产实际缴付部分的养老保险费可以作为夫妻共同财产进行分割。

法律条文

《最高人民法院关于适用〈中华人民共和国婚姻法〉若干问题的解释(三)》

第十三条 离婚时夫妻一方尚未退休、不符合领取养老保险金条件,另一方请求按照夫妻共同财产分割养老保险金的,人民法院不予支持;婚后以夫妻共同财产缴付养老保险费,离婚时一方主张将养老金账户中婚姻关系存续期间个人实际缴付部分作为夫妻共同财产分割的,人民法院应予支持。

专家解析

养老保险金具有人身性质,且是将来可预期收入,当然不宜在离婚时分割;实际缴付部分,却类同于夫妻债权,加以分割,是有道理的。需要注意的是,夫妻关系存续期间已经领取的养老保险金属于夫妻共同共有财产,离婚时可以要求分割;但因养老保险金的领取主体是特定的,不可转让的,因此,如果离婚时夫妻一方尚未退休、不符合领取养老保险金条件的,则不存在分割的问题,即使主张分割也得不到法律的支持,然而,以夫妻共同财产缴付的养老保险费,属于夫妻共同共有财产,离婚时可以要求分割。

36. 双方均有过错的夫妻在离婚时应该如何赔偿?

案例场景

赵某和郭某结婚后一直不和,赵某总是夜不归宿,经常出没于麻将馆,输了很多钱,而且其有暴力倾向,经常动手殴打郭某,郭某生活得十分痛苦。而同事刘某经常关心郭某,郭某觉得刘某很体贴,于是两人发生了不正当关系。赵某知道此事后向法院提出离婚,要求郭某赔偿精神损失,郭某也向法院提出赵某应该赔偿殴打她的医药费和精神损失费。那么,法院应该支持他们的请求吗?

依法分析

根据《最高人民法院关于适用〈中华人民共和国婚姻法〉若干问题的解释(三)》第十七条的规定,夫妻双方均有《婚姻法》第四十六条规定的过错情形,一方或者双方向对方提出离婚损害赔偿请求的,人民法院不予支持。本案中,郭某与异性有不正当的男女关系,赵某是“无过错方”,根据《婚姻法》第四十六条规定可以提起离婚损害赔偿的请求;但是赵某赌博并多次对郭某进行殴打,对郭某造成伤害,属于实施了家庭暴力行为,因此,他又是“过错方”。因此,由于双方都存在过错,所以双方的离婚损害赔偿请求得不到法院的支持。

法律条文

《最高人民法院关于适用〈中华人民共和国婚姻法〉若干问题的解释(三)》

第十七条 夫妻双方均有婚姻法第四十六条规定的过错情形,一方或者双方向对方提出离婚损害赔偿请求的,人民法院不予支持。

《中华人民共和国婚姻法》

第四十六条 有下列情形之一,导致离婚的,无过错方有权请求损害赔偿:

(一)重婚的;

（二）有配偶者与他人同居的；

（三）实施家庭暴力的；

（四）虐待、遗弃家庭成员的。

专家解析

婚姻法中的“过错”与民法上一般过错的认定不同，其不单指行为人主观状态上的过错，还意味着行为人违反了法律确定的夫妻双方的义务。因此，在适用离婚损害赔偿责任时，只需证明行为人存在法定情形就足以认定违法行为人存在过错。同时，有权要求对方承担损害赔偿的当事人必须是无过错的，如果本人有过错，就丧失了请求对方承担损害赔偿责任的权利。由此可知，如果离婚时双方都有过错，则双方都不能请求离婚损害赔偿。

37. 夫妻一方签订了离婚财产分割协定后又反悔的，应当如何处理？

案例场景

李某和赵某是夫妻，二人共同经营一家服装店，后因双方的生活习惯差异和性格不合，二人协议离婚，并对相关财产及服装店进行估算，双方各拥有50%的财产，服装店归李某。但因其他事情离婚事宜被耽搁，两人只能分居。两年后二人再次协议离婚，李某经营的服装店生意越发红火，赵某觉得吃亏了，因而向法院提起诉讼离婚要求重新分割财产。那么之前达成的财产分割协议是否还有效呢？

依法分析

协议离婚中的财产分割协议，是指男女双方在离婚协议中附加达成的关于财产分割的条款或者因协议离婚而就财产分割问题单独达成的协议，财产分割协议在婚姻登记机关发给离婚证时生效，产生法律效力。在司法实践中，主张离婚的当事人一方在签署协议时可能会在财产分割问题上作出一定让步，目的是希望顺利离婚。由于种种原因，双方并未到婚姻登记机关办理离婚登记，或者到法院离婚时一方反悔不愿意按照原协议履行，要求法院依法进行裁判。在这种情况下，当事人双方事先达成的离婚协议的效力问题，往往成为离婚案件争议的焦点。离婚问题事关重大，应当允许当事人反复考虑、协商，只有在双方最终达成一致意见并到民政部门登记离婚或者到法院自愿办理协议离婚手续时，所附条件才可视为已经成立。如果双方协议离婚未成，当事人一方有反悔的权利。

本案中，李某和赵某虽然已经达成了财产分割协议，但因协议离婚未成，并未办理离婚登记，所以双方达成的离婚协议并未生效。赵某后来对之前达成的协议反悔，起诉到法院要求离婚时，法院应当认定该财产分割协议没有生效，并根据实际情况依法对夫妻共同财产进行分割。

法律条文

《最高人民法院关于适用〈中华人民共和国婚姻法〉若干问题的解释（三）》

第十四条 当事人达成的以登记离婚或者到人民法院协议离婚为条件的财产分割协议，如果双方协议离婚未成，一方在离婚诉讼中反悔的，人民法院应当认定该财产分割协议没有生效，并根据实际情况依法对夫妻共同财产进行分割。

专家解析

虽然当事人达成了离婚协议，但是如果没有及时办理离婚登记，离婚协议就不能生效。离婚当事人也不能要求人民法院依据离婚协议来就财产问题进行判决，离婚协议只能作为一份证据，来印证夫妻感情是否破裂以及财产多少。男女双方以登记离婚或法院协议离婚为条件，签订的财产分割协议，在实际生活中更多地体现为愿意离婚的一方以牺牲财产利益来达到离婚目的的情形，这种财产协议，往往具有一定的不公平性，双方在协议离婚阶段，在夫妻双方感情尚未完全破裂的情况下，如果双方按照财产分割协议和平离婚，财产分割协议有效。一旦双方协议离婚未成而进入诉讼离婚阶段，通常势同水火，如果法院依据没有体现双方真实意思的财产分割协议来分割夫妻共同财产是有失公允的。这种情况下，人民法院应当认定该财产分割协议没有生效，并根据实际情况依法对夫妻共同财产进行分割。

38. 离婚时，夫妻共同财产该怎样分割？

案例场景

小周和小昆经相亲结识，迅速热恋后结婚。婚后二人通过努力买了一套小户型商品房，市值 57 万；随后二人又买了一辆小轿车，估价为 20 万；此外，小两口还有 25 万的存款。然而美好的日子并不长久，婆媳不和使得家庭矛盾重重，小昆终于忍受不了提出离婚。离婚时，他们的共同财产该如何分配？

依法分析

根据我国《婚姻法》第三十九条第一款的规定："离婚时，夫妻的共同财产由双方协议处理；协议不成时，由人民法院根据财产的具体情况，照顾子女和女方权益的原则判决。"由此可知，对于夫妻的共同财产，在离婚时，双方应协议处理该财产。协议不成的，则由人民法院根据财产的具体情况，并遵从照顾子女和女方权益的原则判决。因此，本案中的财产，包括价值57万元的楼房、20万元的汽车以及存款25万元均属于夫妻共同财产，在小周与小昆离婚时，应对这些财产进行分割。

法律条文

《中华人民共和国婚姻法》

第三十九条 离婚时，夫妻的共同财产由双方协议处理；协议不成时，由人民法院根据财产的具体情况，照顾子女和女方权益的原则判决。

夫或妻在家庭土地承包经营中享有的权益等，应当依法予以保护。

专家解析

法律允许夫妻双方在离婚时就财产问题自行协商处理。对于未达成协议的由法院根据具体情况，照顾子女和女方权益的原则判决。还需要说明一个问题，即离婚时，一方隐藏、转移、变卖、毁损夫妻共同财产，或伪造债务企图侵占另一方财产的，分割夫妻共同财产时，对隐藏、转移、变卖、毁损夫妻共同财产或伪造债务的一方，可以少分或不分。离婚后，另一方发现有上述行为的，可以向人民法院提起诉讼，请求再次分割夫妻共同财产。这里要说明的是此项请求权的行使要受到诉讼时效的限制，即权利人自知道或应当知道权利被侵害时起计算，两年后再向人民法院提起诉讼则丧失胜诉权。

39. 离婚时，夫妻是否可以对一方未出版的散文集的知识产权收益进行分割？

案例场景

于某是一名报社的记者，在闲暇时爱写些散文，日积月累散文已经成集，但是于某并未向任何出版社投稿也未出版。于某的妻子何某很喜欢小孩子，但是由于于某患有不育症，他们无法生育，痛苦的何某提出了离婚。离婚分割财产时，何某要求对于某写的未出版的散文集享有的知识产权中的财产性收益进行分割。何某的要求可行吗？

依法分析

《最高人民法院关于适用〈中华人民共和国婚姻法〉若干问题的解释（二）》第十二条规定："婚姻法第十七条第三项规定的'知识产权的收益'，是指婚姻关系存续期间，实际取得或者已经明确可以取得的财产性收益。"由此可知，知识产权财产性收益明确的时间在婚姻关系存续期间的，则无论收益的实际取得是在婚姻关系存续期间还是在离婚之后，该收益均为夫妻共同所有。本案中，因为在于某与何某婚姻关系存续期间，于某没有与任何出版社签订书面合同，未确定该书是否出版，即在此期间该书是否出版，是否会取得知识产权中的财产性收益尚处于不确定状态，不是实际已取得或明确可以取得的财产性收益。因此，该未出版的散文集的知识产权的财产性收益不属于夫妻共同财产，何某不可以要求对其进行分割。如果于某在离婚后决定出版该书，签订合同并实际取得稿酬，则该稿酬仍为于某个人财产，不属于夫妻共同财产。

法律条文

《最高人民法院关于适用〈中华人民共和国婚姻法〉若干问题的解释(二)》

第十二条 婚姻法第十七条第三项规定的“知识产权的收益”，是指婚姻关系存续期间，实际取得或者已经明确可以取得的财产性收益。

专家解析

所谓知识产权的收益，是指由于智力成果而取得的一定财产性收益，是基于智力创造性活动所产生的由法律赋予知识产权所有人对其智力成果所享有的某些专有权利。婚姻法关于“夫妻共同财产”中“夫妻共同所有”的只是有形财产权利，不包括知识产权。对于婚后夫妻一方取得的知识产权是否属于夫妻共同财产，应把握以下要点：1. 知识产权中的人身权只归知识产权人专有，不因婚姻关系而发生共有；2. 在婚姻关系存续期间，夫妻一方实际取得或者已经明确可以取得的财产性收益应属夫妻共同财产之列，归夫妻共有。

40. 仅以夫妻一方名义投资设立的独资企业，离婚时该怎样分配？

案例场景

大学时就一直谈恋爱的小尼和小倩打算在毕业后设立一个公司。毕业后的他们结了婚，并在双方家庭的支持下成立了一家独资公司，但公司是以小尼的名义设立的，由二人共同经营。可是生活总是那么不尽如人意，婚后的各种矛盾让小尼和小倩一直争吵不断，直到二人决定离婚，同时公司经济效益也不好，二人都不愿经营。离婚时，该如何分配这个企业呢？

依法分析

该企业可以宣布解散。个人独资企业，是指依法在中国境内设立，由一个自然人投资，财产为投资人个人所有，投资人以其个人财产对企业债务承担无限责任的经营实体。可见，个人独资企业是由一个人出资，利润也归个人所有。本案中，小尼成立的就是个人独资企业，而该企业属于夫妻共同财产。小尼和小倩解除婚姻关系后，该企业应该列为夫妻共同财产参与分配。但是，如果双方都不愿经营这家企业，则应视为《独资企业法》第二十六条规定的投资人决定解散的情形，该企业应该解散，所得利润作为夫妻共同财产分配。

法律条文

《最高人民法院关于适用〈中华人民共和国婚姻法〉若干问

题的解释(二)》

第十八条 夫妻以一方名义投资设立独资企业的,人民法院分割夫妻在该独资企业中的共同财产时,应当按照以下情形分别处理:

(一)一方主张经营该企业的,对企业资产进行评估后,由取得企业一方给予另一方相应的补偿;

(二)双方均主张经营该企业的,在双方竞价基础上,由取得企业的一方给予另一方相应的补偿;

(三)双方均不愿意经营该企业的,按照《中华人民共和国个人独资企业法》等有关规定办理。

《中华人民共和国个人独资企业法》

第二十六条 个人独资企业有下列情形之一时,应当解散:

(一)投资人决定解散;

(二)投资人死亡或者被宣告死亡,无继承人或者继承人决定放弃继承;

(三)被依法吊销营业执照;

(四)法律、行政法规规定的其他情形。

专家解析

夫妻共同出资,却以一方名义设立的独资企业,离婚时对该部分财产进行分割应区分情况对待:如果夫妻双方都不愿意经营该企业的,应按照有关企业清算的规定进行清算并偿还债务及其他应当支付的费用后,对剩余的财产在夫妻之间按约定或出资比例或者平均进行分割,并办理企业注销手续;如果夫妻双方都想继续经营企业但又不愿意与另一方一起经营,应当尊重当事人的意思,根据有利于当事人利益、有利于企业经营的原则,斟酌双方当事人的经营能力和对企业的实际贡献等因素判决企业由一方所有和经营，并对另一方予以相应的合理补偿。

41. 离婚时，对于已付款但未过户的二手房该怎么处理？

案例场景

肖某和赵某邂逅于雨后的屋檐下，两个人对这浪漫的邂逅无比欣喜，认为是上天的有意安排，于是二人迅速热恋并结婚。但婚后，肖某发现赵某是一个滥情的人，总是与很多男人保持暧昧关系，肖某忍无可忍，提出了离婚，并且要求分割赵某自己出资购买的一套房屋，但赵某不同意。经查明赵某购买的是二手房，虽然购房合同写明房款清偿之日归赵某所有，但却未办理过户手续。那么，该房产该怎样处理？

依法分析

《物权法》第九条第一款规定："不动产物权的设立、变更、转让和消灭，经依法登记，发生效力；未经登记，不发生效力，但法律另有规定的除外。"本案中，因赵某尚未办理变更房屋所有权的手续，所以并未取得房屋的所有权。《最高人民法院关于适用〈中华人民共和国婚姻法〉若干问题的解释（二）》第二十一条规定："离婚时双方对尚未取得所有权或者尚未取得完全所有权的房屋有争议且协商不成的，人民法院不宜判决房屋所有权的归属，应当根据实际情况判决由当事人使用。当事人就前款规定的房屋取得完全所有权后，有争议的，可以另行向人民法院提起诉讼。"据此，本案中，赵某所购房屋未办理变更所有权登记，故赵某尚未取得该房屋的所有权。因此，对双方离婚时尚未取得所有权的房屋，法院不宜判决房屋所有权的归属，应当根据实际情况判决房屋的使用权。

法律条文

《最高人民法院关于适用〈中华人民共和国婚姻法〉若干问题的解释(二)》

第二十一条 离婚时双方对尚未取得所有权或者尚未取得完全所有权的房屋有争议且协商不成的，人民法院不宜判决房屋所有权的归属，应当根据实际情况判决由当事人使用。

当事人就前款规定的房屋取得完全所有权后，有争议的，可以另行向人民法院提起诉讼。

专家解析

离婚时尚未取得产权的房屋，指离婚时夫妻双方对其居住使用的房屋尚未取得所有权。其适用对象包括两类：第一类是离婚时夫妻双方对其居住使用的房屋尚未取得所有权，主要是指夫妻双方作为买受人没有缴清全部购房款而没有取得房屋所有权，包括购买福利性政策房和购买商品房、经济适用房等房屋。第二类是离婚时夫妻双方取得的房屋所有权只是部分所有权，不是完全所有权，这主要是指夫妻双方根据福利性政策以标准价购买的共有房屋，即部分产权房屋。针对在离婚时所有权不完全的房屋的处理，如果夫妻双方对房屋如何分割有约定，则从约定，无约定则从法律规定，由法院根据实际情况判决由当事人使用，待该房产取得所有权时，另行向法院起诉。

42. 女方在婚姻关系存续期间专用的奢侈品包包是否属于其个人财产?

案例场景

丽丽是某服装公司的设计部总监,经常到国外出差,非常喜欢购买各种各样的奢侈品包包,因此存了很多全球限量版包包。日子一天天过去,丽丽和丈夫因性格不合决定分开。二人准备协议离婚,但是,在分割财产时,丽丽的丈夫认为丽丽自己平时所购买的包包加起来价值几十万元,应当属于夫妻共同财产,自己有一半的所有权。而丽丽认为这些包都是自己平时个人专用的生活用品,属于自己的个人财产,丈夫没有权利进行分割。那么女方在婚姻关系存续期间专用的奢侈品包包是否属于其个人财产?

依法分析

女方在婚姻关系存续期间专用的奢侈品包包应当属于其个人财产。我国《婚姻法》第十八条第四项明确规定,一方专用的生活用品应当属于夫妻一方的个人财产。由此可知,依据法律规定,只要属于夫或妻一方专用的生活用品,那么,不管该财产的价值大小,都应当认定为夫妻一方的个人财产。所谓的专业生活用品,是指夫妻因各自日常生活、职业所需的专业物品,如个人使用的服装、书籍、电子产品等,而女方专用的包包应当属于其日常生活用品,所以,也应当属于夫妻一方的个人财产。由于丽丽的奢侈品包包都是其个人专用的生活用品,因此,根据上述法律规定,虽然这些包的价值比较高,但是,法律并未限制个人生活用品的实际价值。所以，即便奢侈品的价值比较大，如果是丽丽的个人生活用品，也应当是其个人的财产。

法律条文

《中华人民共和国婚姻法》

第十八条 有下列情形之一的，为夫妻一方的财产：

……

（四）一方专用的生活用品；

……

专家解析

法律明确规定一方专用的生活用品属于夫妻一方的财产，是因为既然是夫妻一方专用的生活用品，就具有一定的人身性，法律将一方专用的生活用品归于一方方便生活，对保护夫妻个人财产具有一定的现实意义。如果将个人的专用生活用品予以分割，则不利于保护该财产的完整性。

43. 一方未和另一方协商借钱为自己亲人看病，那么离婚时该借款由谁偿还？

案例场景

何某和郭某于 2011 年登记结婚，婚后，丈夫何某为给生病的父亲治病，向朋友借了 4 万块钱，但此事并未和妻子郭某商量。后来，夫妻二人因家庭琐事闹起离婚，并向法院提起诉讼。何某认为给父亲治病借的钱属于夫妻共同财产，应该共同清偿。但是郭某表示何某借钱的时候自己并不知晓，这笔钱与自己并没有关系，自己没有义务承担。那么，郭某是否应该承担该债务呢？

依法分析

根据《婚姻法》第二十一条的规定，不论是儿子还是女儿，对父母都有赡养的义务，而本案中何某借钱给父亲治病，正是履行赡养的义务，对此郭某也有协助的义务。因此这笔钱虽是何某个人所借，但应属于夫妻共同债务。根据《婚姻法》第四十一条的规定，在夫妻关系存续期间，一方或双方所负的债务，都应由夫妻双方共同偿还，而不论其债务是由谁借的或以谁的名义借的，只需要知道其用途即可。因此，本案中所涉这笔债务应先以何某与郭某的共同财产进行清偿，如果没有共同财产或共同财产不足清偿债务时，由双方协议清偿或由人民法院判决解决。

法律条文

《中华人民共和国婚姻法》

第四十一条 离婚时，原为夫妻共同生活所负的债务，应当共同偿还。共同财产不足清偿的，或财产归各自所有的，由双方协议清偿；协议不成时，由人民法院判决。

专家解析

《婚姻法》第四十一条是有关离婚时夫妻债务清偿责任的规定。婚姻关系终结时，夫妻债务清偿应遵循的原则是共同债务以共同财产清偿，个人债务以个人财产偿还。法律之所以作出这样的规定，是基于对个人意思表示的尊重以及对私有财产受法律保护的宪法精神的肯定。夫妻为承担共同生活所负债务，因双方都有同意的意思表示，应当由双方共同承担；如果夫或妻一方未经另一方同意或者为自己的事项而向第三人借款，则属于夫或者妻一方的个人债务，应当由其自己承担，但现实中举证往往比较难。需要注意是，根据《最高人民法院关于适用〈中华人民共和国婚姻法〉若干问题的解释（二）》第二十四条第二款、第三款的规定："夫妻一方与第三人串通，虚构债务，第三人主张权利的，人民法院不予支持。夫妻一方在从事赌博、吸毒等违法犯罪活动中所负债务，第三人主张权利的，人民法院不予支持。"也就是说，如果存在上述这些性质的债务，那肯定不是夫妻共同财产。

44. 对于离婚协议中答应分给妻子的车，离婚后丈夫应当配合办理过户手续吗？

案例场景

2016年，钱某和吴某在网上认识，不久便匆匆结婚。婚后生活并不理想，每天争吵不断，二人便协议离婚。离婚时，钱某同意将自己名下的一辆价值30万元的车分给吴某，财产分割意见达成一致后，二人便办理了离婚手续。2018年，吴某找到钱某，想把车辆的产权变更到自己的名下，而钱某却总是躲避，拒绝办理产权变更。那么，钱某有权拒绝办理产权变更吗？签订的财产分割协议对钱某有约束力吗？

依法分析

《最高人民法院关于适用〈中华人民共和国婚姻法〉若干问题的解释(二)》第八条第一款规定:“离婚协议中关于财产分割的条款或者当事人因离婚就财产分割达成的协议,对男女双方具有法律约束力。”由此可见,离婚协议中的财产分割条款,对双方当事人均具有法律约束力,任何一方都不能随意变更或撤销。另外,《最高人民法院关于适用〈中华人民共和国婚姻法〉若干问题的解释(二)》第九条还规定,离婚协议一方在离婚后一年内发现另一方在订立财产分割条款时存在欺诈、胁迫等违背真实意思情形的,可请求人民法院变更或撤销。也就是说,只要离婚协议不存在欺诈、胁迫等情形,人民法院都应当认可其效力。

而在本案中,钱某在与吴某的离婚协议中约定将产权在其名下的一辆价值30万元的车分给吴某,双方对此达成了一致意见,因此该协议已经生效,对双方当事人具有法律约束力。钱某应当配合吴某办理车辆过户手续。因此,在钱某拒绝为吴某办理产权变更手续时,吴某可以请求人民法院判决。

法律条文

《最高人民法院关于适用〈中华人民共和国婚姻法〉若干问题的解释(二)》

第八条 离婚协议中关于财产分割的条款或者当事人因离婚就财产分割达成的协议,对男女双方具有法律约束力。

当事人因履行上述财产分割协议发生纠纷提起诉讼的,人民法院应当受理。

专家解析

《最高人民法院关于适用〈中华人民共和国婚姻法〉若干问题的解释(二)》第八条规定夫妻双方在离婚时达成的财产分割协议,对双方均具有法律约束力,双方都应当履行协议内容,因履行过程中发生纠纷的,可以向人民法院提起诉讼。财产分割协议,是指财产共有人经协商一致,对其共有的财产达成分割意见的书面协议。分割系共有人分配共有财产的行为,常见的财产分割有:分割家庭共有财产、分割夫妻共有财产、分割共同继承或受遗赠的财产、分割合资(合作)或联营的财产等。财产分割协议的效力内容体现在两个方面:双方当事人的约定得到法律的肯定;双方当事人均应全面履行协议约定的内容。此外,履行的要求完全适用合同法有关履行的规定。

45. 离婚一方因生活贫困能否要求另一方给予适当帮助?

案例场景

杜某和陈某是大学同学,毕业后不久两人登记结婚。婚后,杜某心疼陈某便让她辞去工作,做一个全职太太,专门照顾家庭生活。但幸福生活并不长久,因家庭矛盾,两人感情破裂。两人协议离婚,陈某没有收入来源导致生活困难。那么,陈某能否要求杜某对自己给予经济上的帮助呢?

依法分析

我国《婚姻法》第四十二条规定,离婚时,如一方生活困难,另一方应从其住房等个人财产中给予适当帮助。该规定是夫妻之间互相扶养的法律义务在离婚时的一种延伸和表现，也是扶弱济贫的社会主义道德的要求。《婚姻法》同时规定，夫妻一方因抚育子女、照料老人、协助另一方工作等付出较多义务的，离婚时有权要求另一方给予补偿。综上所述，本案中的陈某在离婚时有权要求杜某给予经济补偿，同时可以要求杜某从个人财产中给予适当帮助。

法律条文

《中华人民共和国婚姻法》

第四十二条 离婚时，如一方生活困难，另一方应从其住房等个人财产中给予适当帮助。具体办法由双方协议；协议不成时，由人民法院判决。

《最高人民法院关于适用〈中华人民共和国婚姻法〉若干问题的解释（一）》

第二十七条 婚姻法第四十二条所称“一方生活困难”，是指依靠个人财产和离婚时分得的财产无法维持当地基本生活水平。

一方离婚后没有住处的，属于生活困难。

离婚时，一方以个人财产中的住房对生活困难者进行帮助的形式，可以是房屋的居住权或者房屋的所有权。

专家解析

《婚姻法》第四十二条是有关离婚后，一方对生活困难的另一方给予适当经济帮助的规定。我国法律规定了夫妻离婚时，一方生活困难，另一方应当给予生活帮助，这是对离婚中弱势群体的一种帮助制度，这种帮助制度是一种法定帮助制度，当出现一方生活困难时，另一方就必须给予适当的生活帮助。所谓“适当帮助”，是指在不影响提供帮助人的生活的前提下对其在离婚时给予的一次性帮助。帮助的方式可以是以金钱的形式给予经济帮助，也可以以个人财产中的住房对生活困难者进行帮助。

46. 女方在恋爱期间人工流产的，分手后是否可以向男方主张精神损害赔偿？

案例场景

陈某与詹某相识相恋并很快同居了，后来，陈某怀孕，而詹某却说他们现在的状况不适合抚养孩子，无奈之下，陈某做了人工流产。不久，陈某无意中发现，原来詹某一直与另外一个女人走得非常近。但是，陈某认为两人走在一起不容易，一直假装不知道此事。然而，有一天，詹某跟陈某提出分手，詹某说他们两个人现在越来越没有共同语言，已经不适合生活在一起。对此，陈某非常伤心。陈某认为自己可以答应分手，但是，其曾经因为詹某做过人工流产，要求詹某支付自己精神损害赔偿20万元。陈某是否可以向詹某主张精神损害赔偿？

依法分析

女方在恋爱期间人工流产的，在分手后不可以向男方主张精神损害赔偿。我国《民法总则》第一百一十条第一款规定，自然人享有生命权、身体权、健康权、姓名权、肖像权、名誉权、荣誉权、隐私权、婚姻自主权等权利。同时，《最高人民法院关于确定民事侵权精神损害赔偿责任若干问题的解释》第一条规定，自然人因生命权、健康权、身体权等人格权利遭受非法侵害，向人民法院起诉请求赔偿精神损害的，人民法院应当依法予以受理。并且，我国《侵权责任法》第六条也明确规定，行为人在主观上存在过错时，才能要求其承担侵权责任。由此可知，侵权行为中的侵权者可以承担精神损害赔偿，而侵权人存在故意或过失的主观过错是其必备的要件。但是，对于恋爱或同居的男女而言，发生性行为系双方自愿，即便造成了损害后果，由于男方并不具备侵权的主客观要件，女方遂不能要求男方承担精神损害赔偿责任。

法律条文

《中华人民共和国民法总则》

第一百一十条第一款 自然人享有生命权、身体权、健康权、姓名权、肖像权、名誉权、荣誉权、隐私权、婚姻自主权等权利。

《中华人民共和国侵权责任法》

第六条 行为人因过错侵害他人民事权益，应当承担侵权责任。

根据法律规定推定行为人有过错，行为人不能证明自己没有过错的，应当承担侵权责任。

《最高人民法院关于确定民事侵权精神损害赔偿责任若干问题的解释》

第一条 自然人因下列人格权利遭受非法侵害，向人民法院起诉请求赔偿精神损害的，人民法院应当依法予以受理：

（一）生命权、健康权、身体权；

（二）姓名权、肖像权、名誉权、荣誉权；

（三）人格尊严权、人身自由权。

违反社会公共利益、社会公德侵害他人隐私或者其他人格利益，受害人以侵权为由向人民法院起诉请求赔偿精神损害的，人民法院应当依法予以受理。

专家解析

只有当事人存在过错时，受害人才能要求其承担精神损害赔偿责任。而对于双方自愿的行为，如果法律仍然要求其承担法律责任，这对于其中一方当事人而言是不公平的，也会导致法律的过于严格，不利于法律的执行，更可能会导致整个社会秩序的不稳定。

第三章　合同法律知识

47. 要约与要约邀请有什么区别？

案例场景

某运输公司因为业务范围扩大，需要购置10辆二手货车，于是便向本县范围内的几家二手车行发出宣传材料，在宣传材料中写明了对想要购买的二手货车的要求，并且注明了如果符合要求请发出通知。某个大型的二手车行在接到宣传材料后，第一时间联系了该运输公司，并且与该公司达成了购买意向。几天后，另外一家二手车行派人与该运输公司联系，但是该公司以已经购齐为由表示拒绝，该二手车行认为运输公司的行为构成违约。运输公司认为自己发放的宣传材料只是要约邀请而非要约，拒绝购买不构成违约。那么，运输公司发出的到底是要约还是要约邀请呢？二者有什么区别？

依法分析

要约是一方当事人向另一方当事人提出订立合同的条件，希望对方能完全接受此条件的意思表示。要约邀请，又称引诱要约，是指一方邀请对方向自己发出要约。从法律性质上看，要约是当事人旨在订立合同的意思表示，它是一经承诺就产生合同的可能性，所以，要约在发生以后，对要约人和受约人都应产生一定的拘束力。但要约邀请不是一种意思表示，而是一种事实行为，要约邀请只是引诱他人向自己发出要约，在要约邀请人撤回其邀请时，只要未给善意相对人造成信赖利益的损失，邀请人并不承担法律责任。本案中，该运输公司给二手车行发送的宣传材料，只是希望各二手车行提供合适的车辆，但是否购买需要依据实际情况而定，不符合《合同法》第十四条规定的要约应当内容具体确定的要求，不能认定为要约，只能是一种要约邀请。

法律条文

《中华人民共和国合同法》

第十四条　要约是希望和他人订立合同的意思表示，该意思表示应当符合下列规定：

（一）内容具体确定；

（二）表明经受要约人承诺，要约人即受该意思表示约束。

第十五条　要约邀请是希望他人向自己发出要约的意思表示。寄送的价目表、拍卖公告、招标公告、招股说明书、商业广告等为要约邀请。

商业广告的内容符合要约规定的，视为要约。

专家解析

要约是希望和他人订立合同的意思表示，要约的内容必须是确定的和完整的，必须是要约人向希望与之缔结合同的相对人发出，具有缔约目的并表明经承诺即受此意思表示的拘束；但要约邀请不是一种意思表示，而是一种事实行为。要约邀请是希望他人向自己发出要约，所以寄送的价目表、拍卖公告、招标公告、招股说明书、商业广告等为要约邀请，要约邀请只是引诱他人向自己发出要约。

48. 当事人在合同上没有签字只是摁手印，会产生法律效力吗？

案例场景

2017 年夏季，农民董某某种植的小麦获得大丰收。同年冬季，某粮食收购公司找到董某某，表示愿以每公斤高出市场平均价 0.2 元的价格收购董某某所有的小麦，董某某当即表示同意。随后，该粮食收购公司提出要与董某某签订小麦收购协议，双方对收购协议的内容都没有异议，最后需要双方当事人签字。但是董某某表示自己不会写字，收购公司负责人说可以摁手印。董某某迟疑了，没有签字只是摁手印合同会产生法律效力吗？

依法分析

董某某摁手印的行为与签字具有同等的法律效力。本案中，董某某同意合同条款的规定，摁手印签订合同的行为是董某某真实的意思表示。根据《最高人民法院关于适用〈中华人民共和国合同法〉若干问题的解释（二）》第五条的规定，当事人采用合同书形式订立合同的，应当签字或者盖章。当事人在合同书上摁手印的，人民法院应当认定其具有与签字或者盖章同等的法律效力。所以董某某摁手印的行为与签字具有同等的法律效力。

法律条文

《最高人民法院关于适用〈中华人民共和国合同法〉若干问题的解释(二)》

第五条 当事人采用合同书形式订立合同的,应当签字或者盖章。当事人在合同书上摁手印的,人民法院应当认定其具有与签字或者盖章同等的法律效力。

专家解析

当事人双方采用书面形式订立合同的,在合同上都应当进行签字或者盖章。但是当事人因为特殊情况无法签字,在合同书上摁手印的,人民法院应当认定其具有与签字或者盖章同等的法律效力。也就是说,任何一种书面合同,只有在通过某种方法将其特定化以后,才实现法律上书面形式的功能,并对当事人产生法律拘束力,而当事人签字、盖章、摁手印都是法律承认的特定化方式。

49. 一方当事人没签字盖章但已实际履行的合同有效吗?

案例场景

2018 年 3 月,养鸡专业户唐某急需一批饲料,找到某饲料加工厂欲购买鸡饲料。双方约定唐某购买鸡饲料 5 吨,每吨 3000 元,由饲料加工厂于 2018 年 4 月 1 日前送到唐某处。在双方准备签约时,唐某由于父亲突发重病赶回,未在合同上签字盖章。2018 年 3 月 30 日,饲料加工厂依约将 5 吨鸡饲料送到了唐某的养鸡场，唐某接收。两天后，唐某发现另一家饲料加工厂出售相同的鸡饲料且每吨2800元，于是便以其未在合同上签字盖章为由认为其与某饲料加工厂之间的合同无效，要求该饲料加工厂运回饲料。请问，一方当事人在合同上没有签字盖章，但是已经实际履行合同的，该合同有效吗？

依法分析

这个合同是具有法律效力的。根据《合同法》第三十六条的规定，双方采用书面形式订立合同，一方没有签字或者盖章，而另一方已经按照合同履行了主要义务的，该合同有效。现实中，确实存在一方当事人因各种原因无法及时加盖公章，而合同又不得不马上履行的情况，一方当事人履行合同后，对方当事人则可能根据市场行情的变化，以合同没有签字或盖章为由提出解约或不承认合同成立。在此情况下，法律本着公平公正与鼓励交易的原则，采取了保护已履行主要义务一方合法权益的做法，即认为此种情形下，合同有效。本案中，饲料加工厂已经按照合同约定履行了义务，唐某不能在市场行情变动的情况下以合同未签字盖章为由主张合同无效，应该按照约定支付饲料加工厂相应的货款。

法律条文

《中华人民共和国合同法》

第三十六条 法律、行政法规规定或者当事人约定采用书面形式订立合同，当事人未采用书面形式但一方已经履行主要义务，对方接受的，该合同成立。

专家解析

在合同关系中，如果一方当事人已经实际履行了合同义务，同时对方当事人接受了履行，说明双方当事人对合同内容达成共识，即使由于其他客观原因导致书面合同未能及时签订，该合同都是成立的。双方可以进行合同倒签，但是倒签合同中双方的权利义务不明确、法律责任界定不清，容易产生法律纠纷，所以在现实生活中应尽量避免。

50. 一方当事人因故意隐瞒事实而给对方造成损失，应该由谁承担赔偿责任？

案例场景

2018 年 4 月底，为了迎接儿童节，某商场打算向某玩具生产商订购一批儿童玩具，要求玩具生产商在 5 月 20 日交货。由于临近儿童节，该玩具生产商已经接到了大量的订单，在 5 月 20 日前向商场交货几乎是不可能的。但是因为此次订单利润丰厚，玩具生产商故意没有告知商场可能会无法按时交货的事实，而且总是拖延签约的时间。2018 年 5 月 15 日，玩具生产商突然告知商场无法按时交货，不能签约。商场再与其他玩具生产商签约已经来不及了，导致预订的儿童节活动无法正常举行，造成了巨大的经济损失。像本案中一方当事人因故意隐瞒事实而给对方造成损失的情况，应该由谁承担赔偿责任？

依法分析

该玩具生产商为争取签约机会，假意与某商场磋商，构成缔约过失责任。缔约过失责任产生于合同订立阶段，是基于订立合同中的过失而产生的，是违反先合同义务的结果。所谓先合同义务，是当事人为缔约而互相磋商时，基于诚实信用原则而发生的各种说明、告知、注意以及保护等义务。缔约过失责任是一种法定责任，当事人不能对其加以约定，该责任要求违反先合同义务的缔约人有过错，且违反先合同义务的行为与损失之间具有因果关系。缔约过失责任的赔偿方式只限于赔偿责任，不包括其他责任形式，赔偿范围为信赖利益的损失，没有限制性。该玩具生产商故意隐瞒自己的制造能力，给该商场造成损失，依照《合同法》第四十二条的规定，应当承担损害赔偿责任，即承担缔约过失责任，赔偿对方经济损失。

法律条文

《中华人民共和国合同法》

第四十二条　当事人在订立合同过程中有下列情形之一，给对方造成损失的，应当承担损害赔偿责任：

（一）假借订立合同，恶意进行磋商；

（二）故意隐瞒与订立合同有关的重要事实或者提供虚假情况；

（三）有其他违背诚实信用原则的行为。

专家解析

双方当事人在订立合同时应以诚实信用为原则，不得假借订立合同，进行恶意磋商或进行其他违背诚实信用原则的行为。如果存在恶意磋商或者故意隐瞒与订立合同有关的重要事实、提供虚假情况的行为，则构成缔约过失责任，该行为给对方造成经济上或者其他类型损失的，有过失的一方应当依法承担相应的损害赔偿责任。

51. 买卖双方没有签订书面合同，买卖关系成立吗？

案例场景

2018 年 5 月 20 日，某食品加工厂与某煤炭公司约定：2018 年 5 月至 7 月，煤炭公司向食品加工厂提供煤炭 30 吨，分三次运送，每次 10 吨，每个月 30 日送达，货款在最后一批煤炭送达时结清。但是双方没有签订书面合同。5 月 30 日，煤炭公司依约将 10 吨煤炭送到了食品加工厂，食品加工厂向煤炭公司开具了收货清单。6 月，食品加工厂订单减少，不需要那么多煤炭。于是在 6 月 30 日，煤炭公司将第二批煤炭送到食品加工厂时，食品加工厂以双方没有书面合同为由拒收煤炭，并且拒绝支付第一批煤炭货款。煤炭公司向人民法院提起诉讼。在这种情况下，买卖双方没有签订书面合同，买卖关系成立吗？

依法分析

本案中，食品加工厂和煤炭公司作为买卖双方达成合作意向，形成的供给关系只是以口头达成的约定，并没有签订法律意义上的书面合同。在没有书面合同的约束下，食品加工厂否认煤炭公司向其提供煤炭，并且也不承认双方之间的买卖关系，在这种情况下，根据《最高人民法院关于审理买卖合同纠纷案件适用法律问题的解释》第一条第一款的规定："当事人之间没有书面合同，一方以送货单、收货单、结算单、发票等主张存在买卖合同关系的，人民法院应当结合当事人之间的交易方式、交易习惯以及其他相关证据，对买卖合同是否成立作出认定。"本案中，煤炭公司将食品加工厂告上了法庭，煤炭公司应当向法院提供送货单、结款单作为证据，同时，法院应就双方的交易方式、交易习惯等方面进行调查，并询问当时的介绍人以获取相关信息，以此对买卖合同是否成立作出认定。

法律条文

《最高人民法院关于审理买卖合同纠纷案件适用法律问题的解释》

第一条 当事人之间没有书面合同，一方以送货单、收货单、结算单、发票等主张存在买卖合同关系的，人民法院应当结合当事人之间的交易方式、交易习惯以及其他相关证据，对买卖合同是否成立作出认定。

对账确认函、债权确认书等函件、凭证没有记载债权人名称，买卖合同当事人一方以此证明存在买卖合同关系的，人民法院应予支持，但有相反证据足以推翻的除外。

专家解析

书面合同是当事人之间买卖关系的最直接、有效证明，当双方没有签订书面合同时，主张成立买卖关系的一方应当提供送货单、收货单、结算单、发票等证据，法院以此为据并结合当事人之间的交易方式、交易习惯等对买卖关系成立与否作出相应认定。

52. 双方签订合同意向书后，因一方不履行义务而给对方造成损失的，对方可以要求赔偿吗？

案例场景

2018年4月9日，某公司为了在6月1日让员工顺利更换统一的夏装，派人找到某服装厂订购服装，双方经过洽谈达成了合作意向，并签订了合同意向书，约定该公司在统计完毕人数后，4月20日前来与服装厂签订正式的合同。但是在约定的签订合同那天，服装厂告知该公司，其与另一家科技公司签订了合同，不能按时完成该公司的任务，所以取消合作。该公司联系了另几家服装厂，由于时间紧迫，其他服装厂都要求支付加急费。该公司无奈，只能花费比原来价格高出50%的费用，与另外一家服装厂签订了合同。本案中，双方签订了合作意向书后，因服装厂不履行订立合同的义务而给该公司造成了损失，公司可以要求服装厂赔偿吗？

依法分析

本案中，某公司和某服装厂经过协商，达成了合作意向才签订了合同意向书。意向书的签订表明，该服装厂同意接受该公司的服装生产任务。但是，该服装厂因又接了另一家科技公司的服装生产任务而无法按时完成该公司的任务故取消合同，在有限的时间里，该公司只能另行支付较高的费用，给公司带来了损失。根据《最高人民法院关于审理买卖合同纠纷案件适用法律问题的解释》第二条的规定："当事人签订认购书、订购书、预订书、意向书、备忘录等预约合同，约定在将来一定期限内订立买卖合同，一方不履行订立买卖合同的义务，对方请求其承担预约合同违约责任或者要求解除预约合同并主张损害赔偿的，人民法院应予支持。”所以，某服装厂给某公司带来的损失应予以赔偿。

法律条文

《最高人民法院关于审理买卖合同纠纷案件适用法律问题的解释》

第二条 当事人签订认购书、订购书、预订书、意向书、备忘录等预约合同，约定在将来一定期限内订立买卖合同，一方不履行订立买卖合同的义务，对方请求其承担预约合同违约责任或者要求解除预约合同并主张损害赔偿的，人民法院应予支持。

专家解析

买卖合同关系中，买卖双方当事人签订预约合同后没有如约履行义务时，也应当承担相应的法律责任。所谓预约合同，是合同双方当事人为约定双方将来签订合同而成立的合同，其本质也是一种契约，对双方当事人也具有法律效力，如当事人签订了预约合同，表示其在规定时间内签订买卖合同，如一方未能履行订立合同的义务，给另一方造成的损失应予以赔偿。

53. 对于一方以欺诈的手段签订的合同，另一方该怎么处理？

案例场景

郭某某打算买一辆汽车，但是由于其刚刚参加工作，工资并不多，于是决定买一辆二手车。经同事介绍，郭某某认识了打算卖车的魏某，其向郭某某介绍，自己只是想换一辆更好的车，这辆出售的车绝对没有任何问题，郭某某很满意。双方经过协商，签订了买卖合同。郭某某平时开车很小心，但是车在一个月后就出现了问题。修车师傅告诉他，这辆车的发动机本身就存在问题，只能更换发动机。郭某某觉得自己被魏某骗了，那么他该怎么办？

依法分析

此合同属于可撤销合同，郭某某享有撤销权。他可以找到魏某，要求撤销合同、要回相关款项并要求赔偿损失。根据《合同法》第五十四条、第五十八条的规定，可撤销合同是指当事人在订立合同时因意思表示不真实，法律允许其行使撤销权，使已经生效的合同归于无效。本案中，魏某在订立合同时向郭某某隐瞒了汽车的真实情况，令郭某某以为自己买到了非常满意的车，并为此支付了较高的价款，魏某的行为应当被认定为欺诈，其后果是导致了郭某某违背自己的真实意思买了一辆需要更换发动机的汽车。因此，郭某某可以将汽车退还给魏某，魏某应返还郭某某钱款并赔偿其相关损失。

法律条文

《中华人民共和国合同法》

第五十四条　下列合同，当事人一方有权请求人民法院或者仲裁机构变更或者撤销：

（一）因重大误解订立的；

（二）在订立合同时显失公平的。

一方以欺诈、胁迫的手段或者乘人之危，使对方在违背真实意思的情况下订立的合同，受损害方有权请求人民法院或者仲裁机构变更或者撤销。

当事人请求变更的，人民法院或者仲裁机构不得撤销。

第五十八条 合同无效或者被撤销后，因该合同取得的财产，应当予以返还；不能返还或者没有必要返还的，应当折价补偿。有过错的一方应当赔偿对方因此所受到的损失，双方都有过错的，应当各自承担相应的责任。

专家解析

可撤销合同是指当事人在订立合同时因意思表示不真实，法律允许其行使撤销权，使已经生效的合同归于无效的合同。合同应该变更或者撤销的情形有以下两种，一种是因重大误解订立的合同；另一种是在订立时显失公平的合同。也就是说，在订立合同时，如果一方以欺诈、胁迫的手段或者乘人之危，使对方违背真实意思订立合同的，受损害的一方有权请求相关机构变更或者撤销合同。合同无效或者被撤销后，因该合同取得的财产，应当予以返还或进行折价补偿，给对方造成损失的，应当承担相应的责任。

54. 合同生效后发现一方经营状况恶化，另一方可以采取什么措施维护自身利益？

案例场景

2018 年 6 月 23 日，某商贸公司与某运输公司签订了一份运输合同，合同约定：2018 年 7 月 10 日运输公司负责为商贸公司运送一批货物，商贸公司须在7月18日前支付运输费用共计5万元。合同生效后，运输公司调配车辆，准备此次运输任务。运输公司经理蔡某的表弟为该商贸公司的员工，7月5日，蔡某表弟告诉蔡某该商贸公司经营状况严重恶化了。那么，在合同生效后发现一方经营状况恶化，另一方可以采取什么措施？

依法分析

运输公司与商贸公司签订运输合同后，该运输公司了解到商贸公司出现了经营状况严重恶化的问题，可以提出拒绝履行合同，这属于我国《合同法》第六十八条规定的根据不安抗辩权可以中止履行的情形。但是实践中针对不安抗辩权，需要先给付义务人有确切证据证明后给付义务人有让其不安的行为才可以行使。同时后给付义务人收到中止履行的通知后，在合理的期限内未恢复履行能力或者未提供适当担保的，先给付义务人有权解除合同。本案中，运输公司在得到确凿的证据证明商贸公司经营状况严重恶化后，应让其提供适当担保，否则拒绝履行合同是不合法的。

法律条文

《中华人民共和国合同法》

第六十八条 应当先履行债务的当事人，有确切证据证明对方有下列情形之一的，可以中止履行：

（一）经营状况严重恶化；

（二）转移财产、抽逃资金，以逃避债务；

（三）丧失商业信誉；

（四）有丧失或者可能丧失履行债务能力的其他情形。

当事人没有确切证据中止履行的，应当承担违约责任。

专家解析

所谓不安抗辩权，是指双务合同中先给付义务人在有证据证明后给付义务人的履行能力明显降低，有不能为对待给付的现实危险，丧失或者可能丧失履行债务能力的情况时，中止自己合同履行义务的权利。不安抗辩权使合同双方当事人的权利义务关系可以保持一定的平衡，充分体现了公平原则，但需要注意的是，先给付义务人必须有充分的证据，才能中止合同履行；其也可以要求对方提供相应担保，否则其还有权单方面解除合同。

55. 因无效合同而造成财产损失该如何解决？

案例场景

洪某到某市出差，其间该市暴发了流行性感冒，为了防护，洪某到住处附近的一家私人诊所买口罩。该私人诊所看到买口罩的人数剧增，竟然将口罩的单价由 3 元涨到了 50 元。洪某觉得价格太高，诊所的人表示流感期间口罩供不应求，涨价再正常不过了。洪某对该市非常陌生，无奈只得花高价买了一个口罩。后来洪某越想越觉得不值，将诊所告上了法院，法院认定诊所的行为损害了社会公共利益，判定诊所与洪某之间的买卖合同无效。那么，洪某因无效合同而造成的财产损失，该如何解决呢？

依法分析

无效合同是自始、当然无效的。一旦被宣告无效，它的效力就要溯及合同成立之时，所以无效合同不能通过当事人的实际履行行为而使它有效。《合同法》第五十八条规定:“合同无效或者被撤销后,因该合同取得的财产,应当予以返还……”本案中,法院认定诊所与洪某之间的口罩买卖合同属于无效合同,所以,对于诊所取得的财产要返还或者折价补偿给洪某。

我国对待无效合同所产生的利益一般有四种做法:1. 返还财产。合同被确认无效后,因该合同取得的财产,应当予以返还。2. 折价补偿。不能返还或者没有必要返还的,应当折价补偿。3. 赔偿损失。赔偿损失以过错为条件,有过错的一方应当赔偿对方因此所受到的损失,双方都有过错的,应当各自承担相应的责任。4. 收归国库所有,返还第三人。当事人恶意串通,损害国家、集体利益或者第三人利益的,因此取得的财产收归国家所有或者返还给第三人。

法律条文

《中华人民共和国合同法》

第五十八条 合同无效或者被撤销后,因该合同取得的财产,应当予以返还;不能返还或者没有必要返还的,应当折价补偿。有过错的一方应当赔偿对方因此所受到的损失,双方都有过错的,应当各自承担相应的责任。

专家解析

合同无效或者被撤销后,就意味着双方当事人之间没有任何合同关系存在,那么就应该让双方当事人的财产状况恢复到没有订立合同时的状态。实践中,可以返还财产的就返还财产,要不就折价补偿。对于遭受的损失,可以在友好协商之下看看如何进行赔偿,当然原则还是过错赔偿,即有过错的一方或双方承担相应的赔偿责任。

56. 附生效条件的合同什么时候生效?

案例场景

2014 年 10 月,钟某买了一套正在建设中的房子。为了尽快装修完毕入住,钟某与装修公司签订了装修合同,合同约定钟某拿到房子的钥匙之后,装修公司即开始进行装修。2018 年 2 月 1 日,钟某拿到了房子的钥匙,同时他找到了另外一家更好的装修公司。于是,当装修公司找到钟某准备开始装修时,钟某以装修合同没有生效为由拒绝其进行装修。那么,钟某与装修公司订立的这种附生效条件的合同什么时候生效?

依法分析

《合同法》第四十五条规定,“当事人对合同的效力可以约定附条件。附生效条件的合同,自条件成就时生效”。钟某与装修公司签订合同,约定“钟某拿到房子的钥匙之后,装修公司即开始进行装修”,即钟某拿到房子的钥匙之后装修合同生效,双方开始履行合同义务,可见此合同是附生效条件的合同。此外,如现实中承租方与出租方约定“如果出租人的儿子结婚需要用房,承租方将搬出出租房”是附解除条件的合同。无论是附生效条件还是附解除条件,都是本着公平、公正的目的,维护当事人双方的合法利益,如果当事人为自己的利益不正当地阻止条件成就的,视为条件已成就;不正当地促成条件成就的,视为条件不成就。本案中,2018 年 2 月 1 日钟某拿到了房子的钥匙,此时其与装修公司的合同已经生效,钟某应该按照合同的约定为装修公司顺利进行装修创设有利条件，并支付相应的装修款项，否则就要承担违约责任。

法律条文

《中华人民共和国合同法》

第四十五条 当事人对合同的效力可以约定附条件。附生效条件的合同，自条件成就时生效。附解除条件的合同，自条件成就时失效。

当事人为自己的利益不正当地阻止条件成就的，视为条件已成就；不正当地促成条件成就的，视为条件不成就。

专家解析

当事人对合同的效力可以约定附条件。所附条件可分为生效条件和解除条件。生效条件是指使合同的效力发生或者不发生的条件。在此条件出现之前，合同的效力处于不确定状态，当此条件出现后，即条件成就后，合同生效；当条件没有出现（或成就），合同也就不生效。解除条件又称消灭条件，是指对具有效力的合同，当合同约定的条件出现（即成就）时，合同的效力归于消灭；若确定该条件不出现（不成就），则该合同仍确保其效力。这里需要特别指出的是，附条件的合同虽然要在所附条件出现时生效或者失效，但是对当事人仍然具有法律约束力，双方当事人不能随意变更或者解除。一旦符合所附条件时，一方如果不履行，就要赔偿因此给对方造成的损失。

57. 合同一方在履行期限届满前明确表示不能完全履行合同的，另一方可以采取什么补救措施？

案例场景

某工艺品商店为了迎接即将到来的旅游旺季，与某工艺品公司订立了工艺品加工合同，合同约定工艺品公司在2018年4月15日前为商店加工一批贝壳饰品，加工费用共计3000元，在公司向商店交付成品时结清。但是在4月10日，工艺品公司告知商店由于其业务量剧增不能在4月15日完成所有的加工任务。那么，对于合同一方在履行期限届满前明确表示不能按期完成合同约定的，另一方可以采取什么补救措施？

依法分析

合同当事人在平等条件下，共同协商一致订立的合同对双方当事人均有约束力，双方都要合理履行合同。我国《合同法》第九十四条规定，在履行期限届满之前，当事人一方明确表示或者以自己的行为表明不履行主要债务，当事人可以解除合同。该工艺品公司由于未完成贝壳饰品，工艺品商店可以依法解除合同。根据《合同法》第九十七条的规定，合同解除后尚未履行的，应终止履行；已经履行的，根据履行情况和合同性质，当事人可以要求恢复原状、采取其他补救措施，并要求赔偿损失。本案中，因双方的合同已经履行，给工艺品商店带来了实际的经济损失，工艺品商店可以要求工艺品公司履行恢复原状、继续完成等其他补救措施，并且可以要求其赔偿经济损失。不过工艺品公司仍属违约行为，如果双方订立违约条款的，工艺品公司要按照违约条款承担违约责任。

一般情况下，解除合同后损害赔偿的范围依照法律规定或当事人约定进行确定。协议解除合同的，当事人在协议中免除了对方损害赔偿责任的，协议生效后，不得再请求赔偿。损害赔偿额应当包括合同履行后可以获得的利益，但不得超过违反合同一方订立合同时预见到或者应当预见到的因违反合同可能造成的损失。

法律条文

《中华人民共和国合同法》

第九十四条 有下列情形之一的，当事人可以解除合同：

……

（二）在履行期限届满之前，当事人一方明确表示或者以自己的行为表明不履行主要债务；

……

第九十七条 合同解除后，尚未履行的，终止履行；已经履行的，根据履行情况和合同性质，当事人可以要求恢复原状、采取其他补救措施，并有权要求赔偿损失。

专家解析

因预期违约解除合同，指在合同履行期限届满之前，当事人一方明确表示或者以自己的行为表明不履行主要债务的，对方当事人可以解除合同。预期违约分为明示违约和默示违约。所谓明示违约，指合同履行期到来之前，一方当事人明确肯定地向另一方当事人表示他将不履行合同。所谓默示违约，指合同履行期限到来前，一方当事人有确凿的证据证明另一方当事人在履行期限到来时，将不履行或者不能履行合同，而其又不愿提供必要的履行担保。预期违约，降低了另一方享有的合同权利的价值，如果在一方当事人预期违约的情况下，仍然要求另一方当事人在履行期间届满才能主张补救，将给另一方造成损失。允许受害人解除合同，受害人对于自己尚未履行的合同可以不必履行，有利于保护受害人的合法权益。

58. 当事人的保密义务在合同的权利义务终止后还需要继续履行吗？

案例场景

热爱钻研的田某某经过多次试验制造出一种新型播种机，为了推广这种机器，他找到某机械制造厂合作，双方签订了合作协议。协议约定：由机械制造厂按照田某某的要求制造10台该播种机，田某某按照每台5万元的价格支付给机械厂费用。同时机械厂要履行保密义务。一个月后，该机械制造厂如约完成了任务，田某某检验合格后，支付给机械厂共计50万元。本案中，机械制造厂的保密义务在合同的权利义务终止后还需要继续履行吗？

依法分析

合同的履行是一个前后相续的过程，包括履行合同义务的准备阶段、执行阶段，还包括义务执行完的善后阶段。诚实信用原则是合同履行各阶段的最高指导原则，合同当事人在履行完合同后，要以诚实信用原则为指导维护对方当事人的合法权益，履行后合同义务。因为后合同义务不是合同中双方约定的，违反后合同义务的行为构成违法行为而非违约行为。我国《合同法》第九十二条规定：“合同的权利义务终止后，当事人应当遵循诚实信用原则，根据交易习惯履行通知、协助、保密等义务。”本案中，机械制造厂在制造播种机过程中非常清楚播种机的核心技术所在，合同履行完毕，其未经田某某允许不得使用、泄露其所知悉的商业秘密，以维护田某某的合法利益。

法律条文

《中华人民共和国合同法》

第九十二条 合同的权利义务终止后，当事人应当遵循诚实信用原则，根据交易习惯履行通知、协助、保密等义务。

专家解析

后合同义务，指合同的权利义务终止后，当事人依照法律的规定，遵循诚实信用原则，根据交易习惯履行的义务。后合同义务通常有以下几方面：1. 通知的义务。合同权利义务终止后，一方当事人应当将有关情况及时通知另一方当事人。2. 协助的义务。合同的权利义务终止后，当事人应当协助对方处理与原合同有关的事务。3. 保密的义务。保密指保守国家秘密、商业秘密和合同约定不得泄露的事项。如果没有履行以上后合同义务规定的内容给对方当事人造成了损失，对方当事人可以要求其赔偿损失，赔偿的基础就在于其违反了后合同义务。

59. 当事人对合同条款有争议的，应该如何解决？

案例场景

2018 年 1 月，严某与某超市签订了牛肉供货合同，合同约定：严某每天向该超市运送牛肉 200 斤，在每天的上午 6 点之前送到，牛肉价格按照比每斤市场平均价低 0.5 元计算，货款按月结算。2 月和 3 月，牛肉的市场平均价格一直很稳定，每斤 28 元，严某与超市按照每斤 27.5 元结算。到了 4 月，牛肉价格走低，降到每斤 26 元，月底超市按照每斤 25.5 元的价格结算，但是严某不能认同，认为合同约定的市场平均价指的是上一个月的市场平均价，双方因此产生争议。像本案中当事人对合同条款有争议的应该如何解决？

依法分析

从本案来看，合同双方签订有稳定的供货合同，在出现对合同条款有不同的理解，且又无其他条款可以佐证的情况下，唯一的选择只能是利用交易习惯的解释方法，最能符合案件的真实情况。我国《合同法》第一百二十五条第一款规定："当事人对合同条款的理解有争议的，应当按照合同所使用的词句、合同的有关条款、合同的目的、交易习惯以及诚实信用原则，确定该条款的真实意思。"同时《最高人民法院关于适用〈中华人民共和国合同法〉若干问题的解释（二）》第七条第一款也规定："下列情形，不违反法律、行政法规强制性规定的，人民法院可以认定为合同法所称'交易习惯'：（一）在交易行为当地或者某一领域、某一行业通常采用并为交易对方订立合同时所知道或者应当知道的做法；(二)当事人双方经常使用的习惯做法。”因此根据当地交易习惯，超市的做法能够得到支持。

法律条文

《中华人民共和国合同法》

第一百二十五条第一款 当事人对合同条款的解释有争议的，应当按照合同所使用的词句、合同的有关条款、合同的目的、交易习惯以及诚实信用原则，确定该条款的真实意思。

《最高人民法院关于适用〈中华人民共和国合同法〉若干问题的解释(二)》

第七条 下列情形，不违反法律、行政法规强制性规定的，人民法院可以认定为合同法所称“交易习惯”：

(一)在交易行为当地或者某一领域、某一行业通常采用并为交易对方订立合同时所知道或者应当知道的做法；

(二)当事人双方经常使用的习惯做法。

对于交易习惯，由提出主张的一方当事人承担举证责任。

专家解析

诚实信用原则是合同法的基本原则之一，诚实信用原则贯穿合同从订立到终止的整个过程。在解释合同条款时也应遵从诚实信用的原则。诚实信用原则要求实事求是地考虑各种因素，包括从有关条款、合同目的、交易习惯来认定争议条款或者发生歧义的词句的准确含义，并以公平的原则平衡当事人之间的利益冲突。

60. 因一方提前履行合同而增加的费用，该由谁来担负？

案例场景

某大型生活超市和某电器厂家签订了10台电冰箱的进货合同。双方在合同中约定好在5月底交货。5月初，电器厂家致电超市，将要提前交货。超市方表示目前库房没有闲置空间存放这10台电冰箱，只有按照合同的约定5月底送货，库房才能安排出位置。但电器厂家还是提前将货送到。超市方看冰箱已经到货，但目前库房确实没有位置安排，而距离正式交货日期还有半个月的时间。超市方欲和电器厂协商，在距离超市不远处暂时租赁一间库房存放这10台电冰箱，而租赁的费用由电器厂家担负。超市的这个要求合理吗？

依法分析

本案中，由于电器厂家提前送货而致超市无法安排收货，只能另租库房，因此产生的费用应由电器厂家承担。根据我国《合同法》第七十一条、第一百四十二条的规定，约定履行期限的合同，应当在约定的履行期限内履行。如果合同一方提前履行合同，应提前通知对方，而不得损害对方的利益。因合同一方提前履行债务给另一方增加的费用，由提前履行合同方来承担。

法律条文

《中华人民共和国合同法》

第七十一条 债权人可以拒绝债务人提前履行债务，但提前履行不损害债权人利益的除外。

债务人提前履行债务给债权人增加的费用，由债务人负担。

第一百四十二条 标的物毁损、灭失的风险，在标的物交付之前由出卖人承担，交付之后由买受人承担，但法律另有规定或者当事人另有约定的除外。

专家解析

《合同法》第一百四十二条是关于合同标的物风险转移的规定。标的物的毁损、灭失风险，应当由标的物的所有人承担，但是在合同的履行过程中，会出现标的物的所有权转移，那么，在这一过程中，标的物的风险如何转移呢？该条文明确规定，除法律或者当事人另行约定外，标的物的风险分配原则一般以交付为界限，即在标的物交付之前由出卖人承担，交付之后由买受人承担。

61. 当事人恶意串通订立的合同被认定为无效的，那么此前基于该合同取得的财产如何处理？

案例场景

2018年8月，王某因急需用钱想将自己经营多年的超市整体出租，李某得知此消息后，决定租下该超市继续经营。双方为了不交房产税将房屋租赁合同签订为承包经营合同，李某定期缴纳承包费。合同生效后，李某将超市经营范围扩大了，将楼上的房屋改成了宾馆。一次，李某与税务局朋友肖某吃饭，将这些事情和盘托出。肖某向本部门领导反映了此问题，税务机关决定进行罚款处理。王某让李某承担此罚款，李某不同意，王某遂将其告上法庭，法庭最终以王某、李某二人恶意串通损害国家利益为由判决二人签订的承包经营合同无效。那么，恶意串通导致合同被认定为无效合同，基于此合同取得的财产该如何处理？

依法分析

依法纳税是每个公民、法人及其他组织应尽的义务，纳税人应诚信经营，依法纳税，不能为了逃税，规避法律，隐瞒实际的租赁关系。根据我国有关税收法规，国家对于房屋、店面等租赁产生的房屋租金征收一定的房产税。承包经营占用发包方的房屋等财产不需要纳税。但是承包经营合同与租赁合同的最大区别在于，承包经营合同中，承包人必须以发包人的名义对外经营，本案中的李某并没有以原公司名义对外经营，而是在超市的基础上发展了旅馆经营，说明他们之间实质上不是承包经营关系而是房屋租赁关系。双方将租赁合同签订成承包经营合同，损害了国家利益，违反了法律的禁止性规定，该承包合同无效。根据《合同法》第五十九条的规定，王某、李某恶意串通损害了国家利益，其基于此合同取得的财产会被国家司法机关收缴。

法律条文

《中华人民共和国合同法》

第五十九条　当事人恶意串通，损害国家、集体或者第三人利益的，因此取得的财产收归国家所有或者返还集体、第三人。

专家解析

恶意串通的合同一般都损害了国家、集体或者第三人的利益，是情节恶劣的违法行为，因此，《合同法》第五十九条对这一行为进行了约束，当事人为自身利益恶意串通，损害国家、集体或者第三人利益的，通过该合同取得的财产应收归国家所有或者返还集体、第三人，这种合同在被确认无效后，应由有关国家机关依法收缴双方所得的财产。

62. 合同双方约定第三人履行债务，如未履行，由谁承担违约责任？

案例场景

某服装加工厂与养羊专业户杨某签订羊毛供给合同，合同期为两年，两年内杨某每月应向服装加工厂提供一定数量的羊毛，服装加工厂按时结算羊毛款。在合同履行半年后，杨某的养殖场卖给了马某，并与马某约定以后由其继续给服装加工厂提供羊毛，服装加工厂对此表示同意。但两个月后马某准备改养家禽类动物，便与羊肉经销商吕某签订了一份出售全部羊群的合同，由于羊群出售，因此无法继续向服装加工厂提供羊毛。而服装加工厂正好到了销售旺季，急需羊毛进行服装加工制作，没有固定的羊毛供给给其造成了很大的损失。那么，服装加工厂应当向谁主张违约责任，要求赔偿呢？

依法分析

商业交易中，常常会出现合同双方当事人约定由合同以外的第三人代替债务人向债权人履行合同义务的情形，即第三人代为履行合同义务。在这种情况下，当第三人不履行合同义务时，由于合同具有相对性，债权人无法要求该第三人履行合同，故只能要求债务人承担违约责任，赔偿损失。对此，我国《合同法》第六十五条有明确规定："当事人约定由第三人向债权人履行债务的，第三人不履行债务或者履行债务不符合约定，债务人应当向债权人承担违约责任。"本案中，马某作为合同当事人杨某与服装加工厂之外的第三人，根据约定，应当由他向服装加工厂提供羊毛，但马某没有按照约定向服装加工厂供货，对于给服装加工厂造成的损失，服装加工厂应当向合同相对人杨某主张违约责任，并要求赔偿损失。

法律条文

《中华人民共和国合同法》

第六十五条 当事人约定由第三人向债权人履行债务的，第三人不履行债务或者履行债务不符合约定，债务人应当向债权人承担违约责任。

专家解析

合同是一种契约，具有相对性，即合同一方当事人只能向合同的另一方当事人就合同相关事项提出请求，而不能涉及合同以外的第三人。一旦合同履行不能，债权人只能向债务人提出违约赔偿请求，除非第三人也作为合同的一方与之签订协议。

63. 买受人在送货单上签字后发现货物存在问题，还能要求供货方承担责任吗？

案例场景

范某开超市多年，与某饮料经销商刘某合作多年，每次没货了给刘某打个电话饮料就能送到超市,因此对其十分放心。但是,就在范某对经销商刘某完全信任的时候,发生了不愉快的事情。有一次送来的饮料竟然少了一箱,尽管价值并不高,但范某还是耿耿于怀,打电话询问刘某,二人发生了争执,刘某认为范某已经在进货单上签字确认了,货物再发生问题就不应该责怪自己了,这不是一箱饮料的问题,而是责任与信任的问题。那么,从法律的角度来讲,范某在进货单上签字后还能否要求经销商刘某承担产品存在数量不足的责任?

依法分析

本案中,范某在收货时,出于对经销商刘某的信任,并没有实际检验货物,就直接在送货单上签字了,但事后发现少货的问题,如果没有充足的证据证明,范某应当自己承担损失责任。《最高人民法院关于审理买卖合同纠纷案件适用法律问题的解释》第十五条的规定:"当事人对标的物的检验期间未作约定,买受人签收的送货单、确认单等载明标的物数量、型号、规格的,人民法院应当根据合同法第一百五十七条的规定,认定买受人已对数量和外观瑕疵进行了检验,但有相反证据足以推翻的除外。"所以,范某在送货单上进行签字,就表示其认为货物没有问题,表示已对货物数量进行了检验,如此后出现问题,在其没有明确的证据推翻的情况下,责任应由其承担,经销商刘某不负有责任。

法律条文

《最高人民法院关于审理买卖合同纠纷案件适用法律问题的解释》

第十五条 当事人对标的物的检验期间未作约定,买受人签收的送货单、确认单等载明标的物数量、型号、规格的,人民法院应当根据合同法第一百五十七条的规定,认定买受人已对数量和外观瑕疵进行了检验,但有相反证据足以推翻的除外。

专家解析

买受人应当对自己所购买的货物进行全面、及时的检验,以确保自己的合法权益。买受人签收货物即表明其对货物的数量、型号、规格等予以确认,事后如果没有充足的证据,货物的数量和外观瑕疵责任应由买受人自己承担。

64. 所有权保留买卖中的买方违反约定,卖方应该如何处理?

案例场景

张某想要买一台苹果手机,可惜自己的钱不够。于是就想到了分期付款,但无奈只能使用信用卡,而张某又没有工作,银行不予办理信用卡。几经周折,张某找到了曾经一起打工认识的肖某,肖某正在一商场内销售手机,于是张某便与肖某协商,能否先付一半钱,等到次月再交付另一半,并约定手机所有权在付清全款前仍属于肖某。但张某买手机把半个月的钱都花光了,到了次月剩下的钱连生活都难以维持,于是无法向肖某缴纳剩余的手机款。肖某气急之下来到张某住处,将手机要回。请问肖某取回手机的行为是否妥当?

依法分析

在约定了所有权保留的买卖合同中,当事人一方未按照约定履行合同义务的,另一方有权取回标的物。所以,肖某在张某没有按照约定支付剩余价款时拿回手机的做法是合法的。《最高人民法院关于审理买卖合同纠纷案件适用法律问题的解释》第三十五条的规定,当事人约定所有权保留,在标的物所有权转移前,买受人未按约定支付价款,对出卖人造成损害,出卖人主张取回标的物的,人民法院应予支持。取回的标的物价值显著减少,出卖人要求买受人赔偿损失的,人民法院应予支持。具体到本案,张某未按约定支付剩余款项,所以,销售手机的肖某有权取回手机,同时对使用期间给手机造成的损耗,张某应予以相应的价值赔偿。

法律条文

《最高人民法院关于审理买卖合同纠纷案件适用法律问题的解释》

第三十五条 当事人约定所有权保留,在标的物所有权转移前,买受人有下列情形之一,对出卖人造成损害,出卖人主张取回标的物的,人民法院应予支持:

(一)未按约定支付价款的;

(二)未按约定完成特定条件的;

(三)将标的物出卖、出质或者作出其他不当处分的。

取回的标的物价值显著减少,出卖人要求买受人赔偿损失的,人民法院应予支持。

第三十六条 买受人已经支付标的物总价款的百分之七十五以上,出卖人主张取回标的物的,人民法院不予支持。

在本解释第三十五条第一款第(三)项情形下,第三人依据物权法第一百零六条的规定已经善意取得标的物所有权或者其他物权,出卖人主张取回标的物的,人民法院不予支持。

专家解析

所有权保留买卖中，在所有权转移之前，买受人因不按约定支付价款，不按约定完成特定条件，将标的物出卖、出质或者作出其他不当处分，损害出卖人权益的，出卖人可以要求取回标的物，标的物的价值因买受人的行为明显减少的，出卖人还可以要求损害赔偿。但在下列两种情况下，出卖人不得取回标的物：一是买受人已经支付总价款的75%以上的；二是标的物已经由第三人善意取得的。

65. 对于试用商品，消费者是否应当向商家支付使用费？

案例场景

二华与三丫为了结婚购买了一套新房，装修完毕之后想要将房间自带的防盗门换掉，为此两人在市场上观察了很久都难以抉择，很担心防盗门买回去之后会大小不符或者有其他问题。正巧此时有一家销售防盗门的商家提供了先试用后付款的新式服务，二人惊喜之下挑选了一款要求试用。防盗门安装后非常合适，两人都比较满意，所以打算第二天就去付款。谁料就在第二天准备出门的时候，二华竟然发现防盗门在打开的时候发出了难听的吱吱声，忍受不了的他便来到销售处准备退货，却被告知如果不购买要交付一定的使用费，商家这样的规定是否合法？

依法分析

二华、三丫与商家之间因安装试用防盗门形成试用买卖关系，在双方没有约定需要支付使用费的情况下，商家无权在二华、三丫要求退货时让其支付费用，这种做法是不合法的。根据《最高人民法院关于审理买卖合同纠纷案件适用法律问题的解释》第四十三条的规定："试用买卖的当事人没有约定使用费或者约定不明确，出卖人主张买受人支付使用费的，人民法院不予支持。"本案中，商家并未对试用期间是否支付试用费用与二华进行约定，所以，二华因对防盗门的质量不满意而决定不购买时，商家没有权利向二华索要使用费。

法律条文

《最高人民法院关于审理买卖合同纠纷案件适用法律问题的解释》

第四十三条 试用买卖的当事人没有约定使用费或者约定不明确，出卖人主张买受人支付使用费的，人民法院不予支持。

专家解析

所谓试用买卖，是指约定买受人先行试用标的物，然后在一定期间内再决定是否购买的买卖合同。对于试用买卖是否需要支付试用费，可以由买卖双方自由协商，而如果双方对此没有约定或者约定不明的，法律认定为免费试用，出卖人无权在事后要求买受人支付试用费。

66. 不履行所附义务，附义务的赠与合同可以撤销吗？

案例场景

小花与大郎约定，如果大郎坚持每天送其上下班一个月，就把自己戴了10年的玉耳环送给他。大郎本来对此无动于衷，后来小莲听说后便要求大郎去把小花的耳环拿来送给自己，大郎对小莲心仪已久，听小莲这样说便答应了小花。小花十分开心，就把耳环交给了大郎，并约定从第二天开始就由大郎来接送自己。可是大郎第二天没有去接小花，还远远躲着她，小花既伤心又生气。那么小花是否可以要回自己赠与大郎的耳环呢？

依法分析

小花可以撤销与大郎之间的赠与行为，要回赠与大郎的耳环。根据我国《合同法》第一百九十条、第一百九十二条的规定，赠与可以附义务，受赠人应当按照约定履行义务。受赠人不履行赠与合同约定的义务的，赠与人可以撤销赠与。本案中，小花与大郎达成附义务赠与合同后，如果大郎确实没有按照与小花约定的时间接送小花上下班，那么，小花可以撤销赠与，要求大郎返还耳环。

法律条文

《中华人民共和国合同法》

第一百九十条　赠与可以附义务。

赠与附义务的，受赠人应当按照约定履行义务。

第一百九十二条　受赠人有下列情形之一的，赠与人可以撤销赠与：

（一）严重侵害赠与人或者赠与人的近亲属；

（二）对赠与人有扶养义务而不履行；

（三）不履行赠与合同约定的义务。

赠与人的撤销权，自知道或者应当知道撤销原因之日起一年内行使。

专家解析

附义务的赠与要求受赠人应该按照约定履行自己的义务，没有履行自己义务的受赠人就没有权利接受赠与人的赠与。在与赠与初衷相悖的情况下，法定撤销权将有效救济赠与人。

67. 借款合同未约定利息是否表示借款没有利息？

案例场景

向某做建筑生意失败，亏得血本无归，连居住的房子都被卖了支付工人工资。袁某见朋友向某为了工人们自己都无处安身，便主动借给其一万元，让其去租一个房子来生活，待日后有钱时再还。向某收下钱之后便租了房子，在路边摆摊挣钱谋生，慢慢地也积累了一些钱财。但是后来却不知不觉染上了赌博的恶习，好友袁某看不下去，气愤之下便找到向某要求还钱，向某还给了袁某一万元，袁某还要求向某偿还利息。虽然袁某是气不过向某沾染赌博才要求其偿还利息，但其是否可以要求向某偿还利息呢？

依法分析

向某无须向袁某支付利息。根据我国《合同法》第二百一十一条规定，自然人之间的借款合同对支付利息没有约定或者约定不明确的，视为不支付利息。本案中，向某按照约定履行了自己的义务，根据袁某的要求偿还了欠款，袁某向向某要求其支付利息，因其事先并未约定，所以得不到法律的支持。

法律条文

《中华人民共和国合同法》

第二百一十一条 自然人之间的借款合同对支付利息没有约定或者约定不明确的，视为不支付利息。自然人之间的借款合同约定支付利息的，借款的利率不得违反国家有关限制借款利率的规定。

专家解析

自然人之间的借贷具有一定的基础关系，多为亲朋之间、邻里之间等熟人借贷，以无偿借贷状态居多，因此，立法者确立借款利息问题时采取了尊重这一基础关系的立法态度，即自然人之间借款合同对利息的约定，不得违反国家有关限制借款利率的规定；当事人对借款利息没有约定或者约定不明确的，视为无息借款。

68. 借款人未按照约定用途使用借款的，贷款人该怎么办？

案例场景

申某做食品加工生意，随着人们的健康意识不断加强，他意识到保健品市场将迎来春天，于是准备筹资增加一条保健品生产线，但自己的周转资金不足。想到时机不等人，于是申某到处借钱，找到了曾经合作过的朋友赵某，说明意图之后，赵某对此很是认同，认为保健品的市场确实很有发展潜力，答应了申某借款的请求。双方签订借款合同，赵某借给申某 20 万元用于增加保健品生产线，约定两年后还款。申某借到钱之后发现新建生产线并不容易，于是就将借来的20万元用于扩大生产。请问，在申某擅自改变借款用途的情况下，赵某该怎么办？

依法分析

申某只能按照合同约定的借款用途将借款用于新建保健品生产线，否则赵某有权要求申某提前偿还借款。借款用途是借款合同中重要的内容之一，直接关系到借款人是否能按期偿还，如果借款人擅自变更借款用途，这无疑会增加贷款人的借款风险。因此，我国《合同法》第二百零三条明确规定，借款人未按照约定的借款用途使用借款的，贷款人可以停止发放借款、提前收回借款或者解除合同。具体到本案中，申某擅自改变借款用途，把本该用于新建保健品生产线的资金用来扩大生产，对此，赵某可以依法要求申某提前还款。

法律条文

《中华人民共和国合同法》

第二百零三条 借款人未按照约定的借款用途使用借款的，贷款人可以停止发放借款、提前收回借款或者解除合同。

专家解析

借款用途关系到借款人能否按期归还借款，也是贷款人同意借款的前提。一旦借款人擅自更改借款用途，其就改变了借款合同的内容，增加了贷款人的借款风险。因此，法律规定面临此种情况时，贷款人可以通过停止发放借款、提前收回借款，甚至与借款人解除借款合同等方式维护自己的合法权益。当然，借款用途的特定仅是一种对使用权的限制，并不影响借款人对所借钱款的所有权。

69. 出租人未按照约定履行合同造成承租人损失的，应该承担赔偿责任吗？

案例场景

闫女士在某小区拥有一套住房，平时并不在此居住，因此该房屋一直向外租赁。在2016年5月到2017年5月，尚某租住了闫女士的房屋，在租赁合同即将到期前，闫女士将房屋再次挂到房产中介处寻找下一任承租人，康某看到出租信息后便与闫女士进行协商，在谈妥价钱和租期之后，康某交纳了定金，等待5月尚某搬出后入住。其间康某在某网站订购了一套沙发，定于5月5号送达租赁的房屋。然而到了5月，尚某却没有现身与闫女士结账，并且其电话也打不通。导致康某无法按期搬入，因此造成康某取消沙发订单损失200元定金。对于康某的损失，闫女士应当承担赔偿责任吗？

依法分析

闫女士应当支付违约金及赔偿康某的损失。首先，双方签订的租赁合同合法、有效，双方应按合同约定履行自己的义务，而闫女士却在签订租赁合同后，因为房屋没有按时腾出来导致无法按期交付出租的房子，其行为已经构成违约。根据《合同法》第一百零八条的规定，当事人一方明确表示或者以自己的行为表明不履行合同义务的，对方可以在履行期限届满之前要求其承担违约责任。本案中，闫女士将房屋租赁给康某，但由于房屋没有及时腾出，闫女士违约，导致康某无法入住，并且产生取消购买沙发的损失，对此，闫女士应当对康某的损失进行赔偿。

法律条文

《中华人民共和国合同法》

第一百零八条 当事人一方明确表示或者以自己的行为表明不履行合同义务的，对方可以在履行期限届满之前要求其承担违约责任。

第二百一十六条 出租人应当按照约定将租赁物交付承租人，并在租赁期间保持租赁物符合约定的用途。

专家解析

出租人有两个基本义务，一是交付义务，二是对租赁物的瑕疵担保义务。交付义务是指出租人应当按照约定将租赁物交付承租人。出租人对租赁物的瑕疵担保义务是指出租人在租赁物交付时和租赁期间保证租赁物符合约定的用途，即具有品质完整的使用价值，使承租人能够正常使用。出租人不能按照约定交付租赁物或者交付的租赁物不符合约定的，应负违约责任；同时承租人可主张同时行使抗辩权并拒绝向出租人支付租金。

70. 仓储物在储存期间发生缺损应当由谁负责？

案例场景

某仓库坐落于数个大商场之间，许多商场的商家都选择将货物存放在此。其中某电器商场中销售电器的商家甲也想要将部分货物储存在该仓库，便与仓库签订了储存协议，约定存储期限为一个月，仓库负有保管义务，但并未约定赔偿责任。货物进入仓库时，仓库的有关人员进行了验货，验货后将货物详细情况记录下来。一个月后甲前来取货，发现货物数量不足，而且有的电器上有撞击的痕迹。便向仓库方面进行交涉，仓库却以只负责储存为由拒绝向甲承担责任、赔偿损失。在这种情况下，应当由谁承担给商家造成的损失呢？

依法分析

仓库应当对该损失承担赔偿责任。根据我国《合同法》第三百八十四条、第三百九十四条的规定，保管人验收后，发生仓储物的品种、数量、质量不符合约定的，保管人应当承担损害赔偿责任；储存期间，因保管人保管不善造成仓储物毁损、灭失的，保管人应当承担损害赔偿责任。本案中，当仓库对货物进行验收后，因其保管不善，造成货物缺损，显然应当对此损失承担赔偿责任。且存储协议中规定了仓库负有保管义务，仓库作为保管方应当采取必要的保护措施，以避免货物发生损坏，显然仓库未尽到妥善保管的义务，因此仓库应向商家承担损害赔偿责任。

法律条文

《中华人民共和国合同法》

第三百八十四条 保管人应当按照约定对入库仓储物进行验收。保管人验收时发现入库仓储物与约定不符合的，应当及时通知存货人。保管人验收后，发生仓储物的品种、数量、质量不符合约定的，保管人应当承担损害赔偿责任。

第三百九十四条 储存期间，因保管人保管不善造成仓储物毁损、灭失的，保管人应当承担损害赔偿责任。因仓储物的性质、包装不符合约定或者超过有效储存期造成仓储物变质、损坏的，保管人不承担损害赔偿责任。

专家解析

保管人对入库仓储物进行验收，既是自己的权利也是一项义务。通过验收，保管人可以知道仓储物的质量、数量、性质等，以便确定合理的保管方法，一旦保管人验收入库，就表明其知晓了仓储物的相关信息。仓储物验收入库以后，如果发生仓储物的品种、数量、质量不符合约定的，保管人就违反了合同约定，即应承担相应的损害赔偿责任。

71. 面对定作人拖欠定作费用时，承揽人应当如何维护自身权益？

案例场景

冯某在开车途中与人斗气，导致两车碰撞车辆损坏，协商赔偿后将汽车开往修理厂进行修理。修理厂按照约定时间将汽车修理好之后联系冯某前来取车并支付修理费用。冯某只身前来取车，然而没有交付修理费，表示自己没带钱，能否先将汽车开走，处理完事情之后再来交费，修理厂无奈同意。谁料冯某将车开走后的第三天又因为车子发生剐蹭回到修理厂，修理厂对车子进行修理后要求冯某交付两次修车的费用，但冯某仍然以没带钱为由拒绝交钱，这种情况下，修理厂是否可以留置冯某的车辆？

依法分析

冯某应当按照修理厂的要求支付修理费,否则修理厂可以对冯某的汽车进行留置,直至冯某支付修理费。我国《合同法》第二百六十三条规定,定作人应当按照约定的期限支付报酬。定作人未向承揽人支付报酬或者材料费等价款的,承揽人对完成的工作成果享有留置权。本案中,冯某应当在第一次修理后向修理厂支付修理费,然而却未支付。第二次修理汽车后,冯某仍拒绝支付,对于冯某两次拒绝支付修理费的情况,修理厂都可以对冯某的汽车行使留置权,然后通知冯某在适当的期限内支付修理费取回汽车,否则,修理厂可以处置该辆汽车,将所得价款用来支付自己的报酬及其他管理费用。

法律条文

《中华人民共和国合同法》

第二百六十三条 定作人应当按照约定的期限支付报酬。对支付报酬的期限没有约定或者约定不明确,依照本法第六十一条的规定仍不能确定的,定作人应当在承揽人交付工作成果时支付;工作成果部分交付的,定作人应当相应支付。

第二百六十四条 定作人未向承揽人支付报酬或者材料费等价款的,承揽人对完成的工作成果享有留置权,但当事人另有约定的除外。

专家解析

定作人应当按照合同约定的期限向承揽人支付报酬、材料费、保管费等价款,合同对此约定不明确的,定作人应当在承揽人交付工作成果时支付相应价款。定作人未按合同期限支付承揽人报酬的，承揽人依法对其工作成果享有留置权，承揽人可以处置该成品以支付自己的报酬，也可以在定作人支付相应报酬时交付该成品。

72. 居间人向委托人隐瞒真实情况应当承担什么责任？

案例场景

成都某商场想要组织一场晚会，便找到夏某请求帮忙。夏某混迹各大酒吧与娱乐圈之中，与多名主持人和歌手相识，因此该商场便委托夏某介绍专业的主持人和歌手承办晚会。因为夏某熟识的几位有能力的主持人和歌手档期已满，夏某不得已找来几名酒吧歌手和非专业主持人，向商场隐瞒了主持人和歌手并非专业的情况，促成商场与这些非专业的歌手和主持人签订了合同。晚会开始后，主持人的控制能力不强和歌手的基本功不扎实导致晚会频出问题。之后商场方面找到夏某要求返还报酬并赔偿损失，商场的要求是否合理？

依法分析

商场要求夏某返还报酬并赔偿损失的要求是合理的。在市场经济中，由于交易双方在交易前互不了解，因此可能寻求一位具有中间立场并且具有一定专业素质的人或者公司，来对交易进行经济或者信誉上的担保，以推动买卖顺利进行，居间人应运而生。我国《合同法》第四百二十五条规定，居间人应当就有关订立合同的事项向委托人如实报告。居间人故意隐瞒与订立合同有关的重要事实或者提供虚假情况，损害委托人利益的，不得要求支付报酬并应当承担损害赔偿责任。本案中，夏某对商场隐瞒主持人和歌手非专业的真实情况，依法应当退还商场交付的报酬并赔偿因此造成的损失。

法律条文

《中华人民共和国合同法》

第四百二十五条 居间人应当就有关订立合同的事项向委托人如实报告。居间人故意隐瞒与订立合同有关的重要事实或者提供虚假情况，损害委托人利益的，不得要求支付报酬并应当承担损害赔偿责任。

专家解析

委托人与居间人订立居间合同，往往是由于信息不够灵通，才请居间人为自己办理事务，其目的就在于通过居间人找到订约的机会。居间人应将订约的有关事项（包括相对人的资信状况，生产能力、产品质量以及履约能力等与订立合同有关事项）提供给委托人，供其选择。这是居间人在居间合同中承担的报告义务，居间人应依诚实信用原则履行此项义务。

73. 是否可以请求人民法院减少过高的违约金？

案例场景

某医院新建病房，承包给某建筑公司。合同中约定，医院不得以任何形式和理由造成建筑方停工，否则每日按工程总额的

1% 支付违约金。医院因着急用住院楼就签下了合同。后来因为医院资金跟不上，导致承建方停止施工。20 天后又继续开工，承建方要求医院支付这期间的违约金。该工程造价约 100 万元，每日违约金高达 1 万元，而这期间承建方的损失近乎 5 万元，最后双方争执不下而诉讼至法院。那么这种情况下该医院是否可以申请适当减少违约金？

依法分析

该医院可以要求减少违约金。本案中，承建方为了保护自己的利益，约定了造价约 100 万元的工程，每停工一日则每日按工程总额的 1% 支付违约金。事后证明承建方停工期间的损失近乎 5 万元，明显存在违约金过高的现象。我国《合同法》第一百一十四条规定，当事人可以约定一方违约时应当根据违约情况向对方支付一定数额的违约金，也可以约定因违约产生的损失赔偿额的计算方法。约定的违约金低于造成的损失的，当事人可以请求人民法院或者仲裁机构予以增加；约定的违约金过分高于造成的损失的，当事人可以请求人民法院或者仲裁机构予以适当减少。故本案中的医院可以向法院申请减少违约金。

法律条文

《中华人民共和国合同法》

第一百一十四条　当事人可以约定一方违约时应当根据违约情况向对方支付一定数额的违约金，也可以约定因违约产生的损失赔偿额的计算方法。

约定的违约金低于造成的损失的，当事人可以请求人民法院或者仲裁机构予以增加；约定的违约金过分高于造成的损失的，当事人可以请求人民法院或者仲裁机构予以适当减少。

当事人就迟延履行约定违约金的，违约方支付违约金后，还应当履行债务。

《最高人民法院关于适用〈中华人民共和国合同法〉若干问题的解释（二）》

第二十九条 当事人主张约定的违约金过高请求予以适当减少的，人民法院应当以实际损失为基础，兼顾合同的履行情况、当事人的过错程度以及预期利益等综合因素，根据公平原则和诚实信用原则予以衡量，并作出裁决。

当事人约定的违约金超过造成损失的百分之三十的，一般可以认定为合同法第一百一十四条第二款规定的"过分高于造成的损失"。

专家解析

根据公平原则和诚实信用原则，当当事人约定的违约金过分高于造成的实际损失时，可以请求人民法院或者仲裁机构予以适当减少。《最高人民法院关于适用〈中华人民共和国合同法〉若干问题的解释（二）》第二十九条中规定，当事人主张约定的违约金过高，超过造成损失的百分之三十，请求法院予以适当减少的，人民法院应当以造成的实际损失为基础，同时兼顾合同的履行情况、当事人的过错程度以及预期利益等因素综合考虑，公平作出裁决。这样做，不仅体现出法律的公平与公正，也能起到保护交易秩序与交易安全的作用。试想，如果法律任由当事人约定高额的违约金并得以实现的话，那么，违约金岂不是成了牟利的手段，而失去了其本质的意义。如此，也必定会对交易安全造成不良的影响。

74. 悬赏寻物，失主反悔的，归还者是否还可以请求其支付报酬？

案例场景

刘某在毕业离校去火车站的路上，不慎将行李箱丢失。丢失的行李箱中除了衣服，还有刘某的毕业证书和学位证书等重要证件。经过再三寻找，也没有找到。于是，刘某便到当地的电视台发布了一则悬赏广告，称如果有人拾到行李箱并将其归还，刘某愿意支付3000元人民币作为报酬。后来，刘某的行李箱被司机赵某捡到。在看到广告之后，赵某按照广告上的联系方式找到了刘某，并将行李箱归还给了他。可是，刘某只是一再地感谢赵某，并不想支付3000元的报酬。那么，在刘某反悔后，赵某是否还可以要求其支付报酬？

依法分析

如果刘某反悔，赵某仍然可以要求其支付报酬。根据《最高人民法院关于适用〈中华人民共和国合同法〉若干问题的解释（二）》第三条的规定，悬赏人以公开方式声明对完成一定行为的人支付报酬，完成特定行为的人请求悬赏人支付报酬的，人民法院依法予以支持。但悬赏有《合同法》第五十二条规定情形的除外。该法条明确规定了悬赏人应当按照悬赏合同约定的报酬向完成特定行为的人支付报酬。刘某在丢失行李箱之后发出了一条悬赏广告，那么，其就应当按照自己在悬赏广告中的承诺来履行自己的义务。即便其反悔，赵某仍然可以依据上述法律规定，要求刘某支付自己相应的报酬。

法律条文

《最高人民法院关于适用〈中华人民共和国合同法〉若干问题的解释(二)》

第三条 悬赏人以公开方式声明对完成一定行为的人支付报酬,完成特定行为的人请求悬赏人支付报酬的,人民法院依法予以支持。但悬赏有合同法第五十二条规定情形的除外。

专家解析

法律之所以规定悬赏人应当按照约定支付报酬,是因为悬赏广告事实上属于合同,只是该合同的相对方在特定行为完成之前一直处于不特定的状态,一旦有人完成合同约定的内容,订立合同的当事人,即悬赏人就应当依照合同约定履行合同。这样规定一方面有利于悬赏人及时找到自己丢失的物品,另一方面也能够保障行为完成者的合法权益,使其悬赏请求权可以得到法律的保护。

第四章　道路交通安全法律知识

75. 交通事故认定书应该包括的内容有哪些?

案例场景

2018 年 9 月 18 日，肖某在下班回家途中不幸被一辆突然冲出来的桑塔纳轿车撞伤，双方在交管部门的调解下达成协议，由桑塔纳车车主赔偿肖某医药费 3 万元。但是，在交管部门制作的交通事故认定书中没有说明事故发生的原因，肖某认为这样的认定书将来可能会对自己的利益造成损害，所以主张让交管部门将该事故的发生原因加到认定书内。那么，交通事故认定书都应该包括哪些内容呢?

依法分析

根据我国《道路交通安全法》第七十三条和《道路交通事故处理程序规定》第六十四条的规定，道路交通事故认定书应载明的内容包括：交通事故当事人、车辆、道路和交通环境的基本情况；交通事故的基本事实；当事人导致交通事故的过错及责任或者意外情况等。交通事故认定书应当加盖公安机关交通管理部门交通事故处理专用章，分别送达当事人，并告知当事人申请公安机关交通管理部门调解的期限和直接向人民法院提起民事诉讼的权利。

本案中，对事故发生原因的分析对责任认定至关重要，关系着公民的合法权益能否充分得到法律的保护。肖某可要求交通管理部门重新作出交通事故认定书。

法律条文

《中华人民共和国道路交通安全法》

第七十三条 公安机关交通管理部门应当根据交通事故现场勘验、检查、调查情况和有关的检验、鉴定结论，及时制作交通事故认定书，作为处理交通事故的证据。交通事故认定书应当载明交通事故的基本事实、成因和当事人的责任，并送达当事人。

《道路交通事故处理程序规定》

第六十四条 道路交通事故认定书应当载明以下内容：

（一）道路交通事故当事人、车辆、道路和交通环境等基本情况；

（二）道路交通事故发生经过；

（三）道路交通事故证据及事故形成原因分析；

（四）当事人导致道路交通事故的过错及责任或者意外原因；

（五）作出道路交通事故认定的公安机关交通管理部门名称和日期。

道路交通事故认定书应当由交通警察签名或者盖章，加盖公安机关交通管理部门道路交通事故处理专用章。

专家解析

《道路交通事故处理程序规定》第六十四条是对交通事故认定书应当载明内容的法定规定。对法律上“应当”的理解就等同于“必须”,就是说“应当”就是强制性规范。行为主体必须按行为指示作为,不然就是违法。

76. 交通管理部门应当怎样确定当事人的责任?

案例场景

2018 年 4 月某天下午,孙某开车驶到一个十字路口时不幸与一辆卡车相撞。交管部门经过调查发现车祸发生时孙某闯了红灯,因而应该由孙某承担事故的全部责任。但是,孙某认为白天市区是不允许卡车通行的,所以该卡车司机也应该承担一部分责任。那么,在这种情况下,交通管理部门应当怎样确定当事人的责任呢?

依法分析

根据我国《道路交通事故处理程序规定》第六十条和《道路交通安全法实施条例》第九十一条的规定,公安交通管理部门是根据当事人的行为对事故发生所起的作用以及行为人过错的严重程度来确定当事人责任的。本案中,孙某和卡车司机对发生的交通事故均有过错,交管部门应考量整个案件的具体情况作出责任认定。如果孙某有确凿证据证明事故责任认定确实有错误的,可以申请事故处理部门改正,或者向该公安交通管理部门的上级部门申诉。

法律条文

《道路交通事故处理程序规定》

第六十条 公安机关交通管理部门应当根据当事人的行为对发生道路交通事故所起的作用以及过错的严重程度，确定当事人的责任。

（一）因一方当事人的过错导致道路交通事故的，承担全部责任；

（二）因两方或者两方以上当事人的过错发生道路交通事故的，根据其行为对事故发生的作用以及过错的严重程度，分别承担主要责任、同等责任和次要责任；

（三）各方均无导致道路交通事故的过错，属于交通意外事故的，各方均无责任。

一方当事人故意造成道路交通事故的，他方无责任。

《中华人民共和国道路交通安全法实施条例》

第九十一条 公安机关交通管理部门应当根据交通事故当事人的行为对发生交通事故所起的作用以及过错的严重程度，确定当事人的责任。

专家解析

公安机关交通管理部门应当根据当事人的行为对发生道路交通事故所起的作用以及过错的严重程度，确定当事人的责任。这主要考虑的是当事人的过错。过错责任原则，不仅要考虑行为人的过错，往往也会考虑受害人的过错或者第三人的过错。它要求行为人善尽对他人的谨慎和注意义务，尽量避免损害后果，也要求每个人充分尊重他人的权益。

77. 对于当事人故意破坏证据的行为其应承担哪些责任呢?

案例场景

2018年7月的一天,李某下夜班开车回家,因为一夜没睡所以精神有些恍惚,一不小心便撞倒了路边的行人贾某。贾某被撞后昏迷且流血不止,李某很害怕,他看四下无人便将贾某拖至路旁,清理好现场后逃走。那么,对于这种故意破坏证据的行为,李某应该承担哪些责任呢?

依法分析

根据我国《道路交通安全法实施条例》第九十二条的规定,当事人故意破坏交通事故现场的,承担全部责任。这体现了主观故意对责任承担的影响。本案中李某破坏现场的行为,应该认定为主观上的"故意",而贾某在路边行走,其不需承担任何责任。所以,李某故意破坏现场应承担全部责任。

法律条文

《中华人民共和国道路交通安全法实施条例》

第九十二条 发生交通事故后当事人逃逸的,逃逸的当事人承担全部责任。但是,有证据证明对方当事人也有过错的,可以减轻责任。

当事人故意破坏、伪造现场、毁灭证据的,承担全部责任。

专家解析

完好的交通事故现场是事后正确处理交通事故，准确认定当事人之间责任的关键。当事人切莫心存侥幸，弄虚作假，终究误人害己。当事人逃逸，破坏、伪造现场都属于违法行为，依法应承担相应的法律后果。

78. 如果当事人对道路交通事故认定有异议的，应该怎么办？

案例场景

2018年6月的一天，朱某带着妻子和女儿去超市购物，但是在停车时不小心将旁边林某的车剐坏了。经交管部门认定，林某的车一直停在那里，是朱某剐到林某的车，所以应该由朱某承担全部责任。但是，朱某认为林某的车一部分停在了停车位的外边，所以林某也有责任。那么，这种情况应该如何处理呢？

依法分析

根据我国《道路交通事故处理程序规定》第七十一条的规定，当事人如果对交通事故认定书存在异议，可以向上一级公安机关交通管理部门提出书面复核申请，复核申请中需要载明复核请求及其理由和主要证据。因此本案中，朱某对交通事故认定书存在异议，应向该市交警大队的上级提出书面复核申请并载明理由和证据，上级公安机关如果认为确实存在错误，可以撤销交通事故认定书并责令重新作出。

法律条文

《道路交通事故处理程序规定》

第七十一条 当事人对道路交通事故认定或者出具道路交通事故证明有异议的，可以自道路交通事故认定书或者道路交通事故证明送达之日起三日内提出书面复核申请。当事人逾期提交复核申请的，不予受理，并书面通知申请人。

复核申请应当载明复核请求及其理由和主要证据。同一事故的复核以一次为限。

专家解析

当事人不服事故认定书结果时可以在法定期限内提出书面复核申请，上一级交通管理部门也应当在法定期限内作出复核结论。提出复核申请是法律赋予公民的权利，那么，当权益受损时权利人应该积极寻求法律的救济，最大限度维护自身的合法权益，不放弃，更不贪婪。

79. 在当事人一方无正当理由不参加调解的情况下，可以终止调解吗？

案例场景

2018年7月的一天，张某加完班后开车回家，因为当时天已经很晚了，再加上其有些劳累所以不小心将对面骑电动车驶来的赵某撞倒了。赵某被送进了医院，张某对自己的行为供认不讳，希望能够用调解的方式解决。但是，赵某拒绝参加调解。那么，在当事人一方无正当理由不参加调解的情况下，该怎么办呢？可以终止调解吗？

依法分析

根据我国《道路交通事故处理程序规定》第九十三条第三款和第九十四条的规定，公安机关交通管理部门终止调解的情况有：当事人提起诉讼、一方当事人无正当理由不参加调解、一方当事人在调解过程中退出调解、经过调解未达成调解协议等情形。由此我们可以看出，调解是建立在双方当事人自愿的基础之上的，并且不具有法律强制力。本案中，由于赵某无正当理由不参加调解，公安机关交通管理部门应当终止调解，并记录在案。

法律条文

《道路交通事故处理程序规定》

第九十三条第三款 经调解各方当事人未达成协议的，公安机关交通管理部门应当终止调解，制作道路交通事故损害赔偿调解终结书，送达各方当事人。

第九十四条 有下列情形之一的，公安机关交通管理部门应当终止调解，并记录在案：

（一）调解期间有一方当事人向人民法院提起民事诉讼的；

（二）一方当事人无正当理由不参加调解的；

（三）一方当事人调解过程中退出调解的。

专家解析

调解建立在双方当事人自愿的基础上，当一方当事人不愿接受调解或最终没有达成协议，选择诉讼方式解决的，公安机关交通管理部门应当充分尊重当事人的选择，终止调解。

80. 对于因抢救受伤人员需要保险公司支付抢救费用的情况，应该由谁通知保险公司？

案例场景

2018 年 8 月，黄某开车带家人外出旅游。因为正值旅游高峰期，来往的车辆和行人都非常多，大家你争我夺、见缝插针、互不相让。黄某为了躲避突然窜出的行人紧急拐弯撞到了路边的桥墩上。黄某受了伤，被送进医院，但是由于黄某没有足够的医药费因而需要保险公司支付。那么，对于因抢救受伤人员需要保险公司支付抢救费用的情况，应该由谁来通知保险公司呢？

依法分析

根据我国《道路交通安全法实施条例》第九十条规定，在因抢救伤员需要保险公司或者道路交通事故社会救助基金管理机构支付抢救费用的情况下，由公安机关通知相关部门。也就是说，公安机关在一定情况下有责任通知保险公司或者道路交通事故社会救助基金管理机构支付医疗费。保险公司、道路交通事故社会救助基金管理机构在接到公安机关交通管理部门通知后，经核对应当及时向医疗机构支付或者垫付抢救费用。本案中，公安机关有责任通知保险公司支付黄某的抢救费用。

法律条文

《中华人民共和国道路交通安全法实施条例》

第九十条 投保机动车第三者责任强制保险的机动车发生交通事故，因抢救受伤人员需要保险公司支付抢救费用的，由公安机关交通管理部门通知保险公司。

抢救受伤人员需要道路交通事故救助基金垫付费用的，由公安机关交通管理部门通知道路交通事故社会救助基金管理机构。

专家解析

发生交通事故后，需要由保险公司或者道路交通事故社会救助基金垫付费用的，公安机关负有通知义务。如此规定，一方面有利于抢救受伤人员，另一方面有利于保险公司快速到达现场，勘察情况，快速理赔。

81. 如果当事人对交通事故损害赔偿有异议，可以直接向法院起诉吗？

案例场景

一次，曲某在下班回家途中被一辆飞驰而来的轿车撞伤，经检查，其有三根肋骨骨折，左腿韧带严重挫伤。对此次事故该轿车司机白某表示愿意承担曲某的治疗费用，并在曲某出院后赔偿其现金5000元。曲某对白某的赔偿金额不太满意，但是双方都不愿让步，于是，曲某向当地人民法院提起诉讼，要求白某按照国家规定的标准对自己进行赔偿。那么,曲某的做法对吗?如果当事人对交通事故损害赔偿有异议,可以直接向法院起诉吗?

依法分析

根据我国《道路交通安全法》第七十四条的规定,对交通事故损害赔偿存在争议的当事人,既可以请求公安机关交管部门进行调解,也可以直接就损害赔偿争议向法院提起诉讼。也就是说由公安机关交通管理部门调解赔偿,不是交通事故双方当事人争议解决的必经程序,是否调解是由当事人自己决定的,而不是公安机关交通管理部门依职权行为。所以本案曲某对交通事故损害赔偿的争议是可以直接起诉的。

法律条文

《中华人民共和国道路交通安全法》

第七十四条第一款 对交通事故损害赔偿的争议,当事人可以请求公安机关交通管理部门调解,也可以直接向人民法院提起民事诉讼。

专家解析

当事人因交通事故损害赔偿有争议的,可以采取调解或者诉讼的方式解决,即当事人可以请求交通管理部门进行调解,也可以直接向人民法院提起民事诉讼。调解不是交通事故损害赔偿争议处理的前置程序,当事人可以不经过调解而直接以诉讼方式解决争议。

82. 双方当事人已经对调解达成了协议，还可以再起诉吗？

案例场景

2018年3月12日，范某下班骑车回家，途经一个丁字路口时不幸被一辆白色捷达轿车撞伤。在范某住院期间白色捷达车车主梁某经常来医院看望他，而且范某意外得知梁某和自己表姐是同事。碍于情面，双方很快就达成了协议，由梁某赔偿范某医药费5000元。但是就在双方达成协议后，范某身边的朋友都说梁某的赔偿金额太少了，范某听后又有些后悔，打算给自己多争取一些利益。于是，他打算向当地法院提起诉讼，要求法院重新确定赔偿金额。那么，在这种情况下，范某还能够再起诉吗？

依法分析

根据我国《道路交通安全法》第七十四条的规定，交通事故损害赔偿的争议经过交通管理部门调解，只要是最终没有达成调解协议或者未履行生效调解的，当事人就可以向法院提起诉讼。本案中双方当事人之前已自愿达成了赔偿协议，这份协议是合法有效的，因此，范某只有在梁某不履行调解协议时才可向人民法院提起民事诉讼。

法律条文

《中华人民共和国道路交通安全法》

第七十四条第二款　经公安机关交通管理部门调解，当事人未达成协议或者调解书生效后不履行的，当事人可以向人民法院提起民事诉讼。

专家解析

法律既允许当事人以调解方式解决交通事故损害赔偿争议，也允许当事人直接通过诉讼方式解决争议。为充分保障交通事故当事人的利益，我国法律也未剥夺当事人在调解后再进行诉讼的权利，但是有一个前提条件，即必须是当事人未达成协议或者调解书生效后一方当事人不履行协议内容。

83. 当事人对鉴定结论有异议的，可以申请重新鉴定吗？

案例场景

2018年12月，乔某在一次交通意外中受伤，经鉴定为颈椎压缩性骨折，但是因为压缩度不足1/3，所以不符合伤残评定标准。但是乔某认为自己的颈椎行动十分受限，而且严重影响了自己的日常生活，他对这个鉴定结论很不满，想重新申请鉴定。那么，当事人对鉴定结论有异议的，可以申请重新鉴定吗？

依法分析

根据我国《道路交通事故处理程序规定》第五十五条和第五十六条的规定，当事人收到检验、鉴定报告时，如果对检验、鉴定结果存在异议，可以在公安机关交通管理部门送达之日起三日内申请重新检验、鉴定。重新检验、鉴定需要经县级公安机关交通管理部门负责人批准。当事人针对检验、鉴定结果只能有一次申请重新检验、鉴定的权利，即如果当事人对重新检验、鉴定的结果仍存在异议，也不能再次申请重新检验、鉴定。故本案乔某可以申请一次重新鉴定。

法律条文

《道路交通事故处理程序规定》

第五十五条 公安机关交通管理部门应当对检验报告、鉴定意见进行审核，并在收到检验报告、鉴定意见之日起五日内，将检验报告、鉴定意见复印件送达当事人，但有下列情形之一的除外：

（一）检验、鉴定程序违法或者违反相关专业技术要求，可能影响检验报告、鉴定意见公正、客观的；

（二）鉴定机构、鉴定人不具备鉴定资质和条件的；

（三）检验报告、鉴定意见明显依据不足的；

（四）故意作虚假鉴定的；

（五）鉴定人应当回避而没有回避的；

（六）检材虚假或者检材被损坏、不具备鉴定条件的；

（七）其他可能影响检验报告、鉴定意见公正、客观的情形。

检验报告、鉴定意见有前款规定情形之一的，经县级以上公安机关交通管理部门负责人批准，应当在收到检验报告、鉴定意见之日起三日内重新委托检验、鉴定。

第五十六条 当事人对检验报告、鉴定意见有异议，申请重新检验、鉴定的，应当自公安机关交通管理部门送达之日起三日内提出书面申请，经县级以上公安机关交通管理部门负责人批准，原办案单位应当重新委托检验、鉴定。检验报告、鉴定意见不具有本规定第五十五条第一款情形的，经县级以上公安机关交通管理部门负责人批准，由原办案单位作出不准予重新检验、鉴定的决定，并在作出决定之日起三日内书面通知申请人。

同一交通事故的同一检验、鉴定事项，重新检验、鉴定以一次为限。

专家解析

当事人对交管部门的事故检验、鉴定结论有异议，可以在规定的时间内向有关部门申请重新检验、鉴定，但为了防止当事人权利的滥用和提高纠纷解决的效率，重新检验、鉴定只能申请一次。

84. 交通事故认定书与法院判决书哪个更有效？

案例场景

2017年3月，张某开车经过某闹市区街道，由于车辆过多，张某开车很小心，但还是与一辆突然出现的逆行轿车相撞，对方司机受伤住院治疗。事后，交警作出事故认定，张某负全责，赔偿对方医疗费。张某认为是对方不遵守交通规则，逆向行驶导致了事故的发生，于是向法院起诉。法院审理发现，的确是对方逆行导致的车祸，对方司机对事故负有责任。法院判决对方司机赔偿张某5万元。对方司机认为交通事故认定书已经对此作出了处理决定，法院没有权利干涉，拒不赔偿。那么交通事故认定书与法院判决书哪个更有效？

依法分析

交通事故认定书在庭审中只是一种“证据”。所谓“证据”，即证明案件真实情况的事实，其实质是对当事人应承担的过失作出的判断。道路交通事故认定只是对交通事故原因责任的确认，交通事故责任认定书中的“责任”不是民事责任，也非行政责任或刑事责任，其并不等同于民事责任的划分。根据我国最高人民法院的司法解释，法院应当依据但不能绝对依据交通事故认定书认定的责任比例判决责任方承担同等比例的赔偿，应不同案例区别对待。法院可以在民事诉讼中对道路交通事故责任认定进行附带性审查，可以采用或拒绝采用责任认定书。

本案中，对方司机不遵守交通规则逆向行驶，故负全责。法院在审查交通事故认定书后发现交警并没有认清事故发生的原因，因此推翻了该交通事故认定书的认定结果，最后应以法院判决书为准。

法律条文

《最高人民法院关于审理道路交通事故损害赔偿案件适用法律若干问题的解释》

第二十七条 公安机关交通管理部门制作的交通事故认定书，人民法院应依法审查并确认其相应的证明力，但有相反证据推翻的除外。

专家解析

《最高人民法院关于审理道路交通事故损害赔偿案件适用法律若干问题的解释》第二十七条，是关于交通事故认定书有无证明力及证明力大小的规定。多数情况下，对于证据的证明力有无和大小，仍然要求审判员按照良知、理性和经验规则进行判断，但为防止认定的随意性，法律也有直接限制性规定。

85. 如果有一方不同意调解，另外一方是否可以向交警队申请调解？

案例场景

2017年12月20日晚22时，下晚班的林某骑自行车回家的途中，过十字路口时被一辆闯红灯的轿车撞伤。林某当即被送往医院，医院诊断其为左肱骨头骨折，需住院手术治疗。出院后，林某共计花费治疗费用4万元。经交警队确认此次事故系轿车车主杨某负全责。杨某表示愿意承担林某所花费的治疗费用，双方协商解决此事。但林某认为自己受伤以后一直无法工作，这期间造成的损失也应得到赔偿，并且自己现在虽然出院了，但是左上肢活动还很吃力，自己的伤也许可以够上伤残。所以林某希望到了恢复期，评完伤残以后再协商解决此事。这种情况下，杨某是否可以单方面向交警队申请调解呢？

依法分析

根据我国《道路交通事故处理程序规定》第二十五条、第八十四条、第八十五条、第八十六条的规定，交通事故损害赔偿的调解须在双方当事人同意的基础上进行。当事人有一方或双方坚持不同意调解的或者拒不接受调解方案的，交警队应受自愿原则的制约，不得变相控制、强迫当事人的选择。调解协议的内容应当由当事人自愿达成，反映当事人的真实意愿。本案中，小轿车车主杨某希望交警队调解的，应征得林某的同意后，才能进行。

法律条文

《道路交通事故处理程序规定》

第二十五条 当事人共同请求调解的,交通警察应当当场进行调解,并在道路交通事故认定书上记录调解结果,由当事人签名,送达当事人。

第八十四条 当事人可以采取以下方式解决道路交通事故损害赔偿争议:

(一)申请人民调解委员会调解;

(二)申请公安机关交通管理部门调解;

(三)向人民法院提起民事诉讼。

第八十五条 当事人申请人民调解委员会调解,达成调解协议后,双方当事人认为有必要的,可以根据《中华人民共和国人民调解法》共同向人民法院申请司法确认。

当事人申请人民调解委员会调解,调解未达成协议的,当事人可以直接向人民法院提起民事诉讼,或者自人民调解委员会作出终止调解之日起三日内,一致书面申请公安机关交通管理部门进行调解。

第八十六条 当事人申请公安机关交通管理部门调解的,应当在收到道路交通事故认定书、道路交通事故证明或者上一级公安机关交通管理部门维持原道路交通事故认定的复核结论之日起十日内一致书面申请。

当事人申请公安机关交通管理部门调解,调解未达成协议的,当事人可以依法向人民法院提起民事诉讼,或者申请人民调解委员会进行调解。

专家解析

《道路交通事故处理程序规定》第八十四条、第八十五条、第八十六条是关于当事人对交通事故损害赔偿有争议，希望以调解方式解决争议时应当如何提出申请的规定。民事调解是建立在双方当事人同意的基础之上的，当事人对交通事故损害赔偿有争议希望交通管理部门调解结案的，应当在收到交通事故认定书或者事故认定复核结论之日起十日内，向交通管理部门提出书面申请，交通管理部门在征得双方当事人同意的基础上会依法作出调解协议。

86. 交通事故诉讼中能否将对方车投保的保险公司列为被告？

案例场景

2018年6月10日下午4时30分左右，张某驾驶自有的马自达轿车沿市区裕华路由东向西行驶至花园街路口时，与由南向北行驶的由李某驾驶的奇瑞汽车相撞，造成张某受伤及两车受损的交通事故。某市公安交通警察支队第九交警大队派员到事故现场勘查，作出了交通事故认定书，认定李某承担事故全部责任，张某无责任。张某住院期间，李某到医院进行探望，张某要其赔偿，李某认为自己的车在保险公司投保了交强险，应由保险公司赔偿。张某想向人民法院提起诉讼，那么，张某能将为李某车辆承保交强险的保险公司列为被告吗？

依法分析

根据《最高人民法院关于审理道路交通事故损害赔偿案件适用法律若干问题的解释》第二十五条的规定可知，在道路交通事故损害赔偿起诉时，不仅法院可以将承保交强险的保险公司列为被告，当事人也可以请求将承保商业险的保险公司列为被告。承保交强险的保险公司要对受害人直接赔偿，不足部分再由承保商业险的保险公司按照事故责任比例对当事人进行赔偿。因此，本案中，张某是可以请求将承保交强险的保险公司列为共同被告的。

法律条文

《最高人民法院关于审理道路交通事故损害赔偿案件适用法律若干问题的解释》

第二十五条 人民法院审理道路交通事故损害赔偿案件，应当将承保交强险的保险公司列为共同被告。但该保险公司已经在交强险责任限额范围内予以赔偿且当事人无异议的除外。

人民法院审理道路交通事故损害赔偿案件，当事人请求将承保商业三者险的保险公司列为共同被告的，人民法院应予准许。

专家解析

在道路交通事故损害赔偿诉讼中，为了最大限度地保护当事人的利益，当事人不仅可以将承保交强险的保险公司列为共同被告，还可以将承保商业三者险的保险公司列为共同被告，但是承保交强险的保险公司已经在责任限额范围内予以赔偿且当事人无异议的，法院不应将其再列为共同被告。

87. 多辆车连环相撞造成人员受伤，事故车辆未承保交强险的应怎样对伤者进行赔偿？

案例场景

2018年7月2日晚上10点多，吴某驾驶自己的大众朗逸轿车回家，行驶到中山路中段时，突然有人横穿马路。为了避免发生交通事故，吴某急踩刹车避让，结果跟在吴某车后的梁某、朱某刹车不及时，发生三车连撞的交通事故，事故造成梁某受伤、三车不同程度受损。梁某受伤后就治于某市第一人民医院，开支医疗费用5万多元。后梁某欲将吴某、朱某起诉到法院，但他发现朱某的车是新车，尚未办理交强险，那么，在赔偿时，朱某应怎样承担责任呢？

依法分析

根据《最高人民法院关于审理道路交通事故损害赔偿案件适用法律若干问题的解释》第二十一条第三款规定可知，多辆机动车发生交通事故，其中有未投保交强险的，应先由已承保交强险的保险公司在其责任限额范围内予以赔偿，对于超出保险公司责任限额的部分，可以向未投保交强险的义务人或者侵权人追偿。本案中，应先由吴某车辆承保交强险的保险公司在其责任限额内赔偿梁某，超出限额的部分，保险公司可以向朱某追偿。

法律条文

《最高人民法院关于审理道路交通事故损害赔偿案件适用法律若干问题的解释》

第二十一条第三款 多辆机动车发生交通事故造成第三人损害，其中部分机动车未投保交强险，当事人请求先由已承保交强险的保险公司在责任限额范围内予以赔偿的，人民法院应予支持。保险公司就超出其应承担的部分向未投保交强险的投保义务人或者侵权人行使追偿权的，人民法院应予支持。

专家解析

多辆机动车发生交通事故致使他人受伤需要承担损害赔偿的，如果有机动车未投保交强险，受害人可以请求先由已经承保交强险的保险公司在其责任限额范围内进行赔偿。保险公司先予赔偿的，可以就超出其责任部分向未投保的义务人或侵权人追偿。

88. 行人被车辆撞伤，事故双方均未报警，那么在没有交通事故认定书的情况下，伤者能否起诉车主赔偿？

案例场景

刘某晚饭后出门遛弯儿，正要横穿马路到对面小区公园时，被由东向西行驶的轿车撞倒，车主邢某急忙停下车查看刘某的伤情。刘某家人到现场后将其送到医院治疗，邢某给了刘某家人2000元钱后称有事给自己打电话，随后离开事故现场。刘某的家人看到邢某的态度非常好就没有报警。可是刘某住院后伤情严重，很快就花费了近万元的医疗费用，刘某的家人给邢某打电话，邢某以各种借口推脱。刘某无奈只好报警，但是事故现场早已无法勘查，且当时事故路段并没有摄像头，交警无法出具交通事故认定书。那么，在这种情况下，刘某能向法院起诉要求邢某承担赔偿责任吗？

依法分析

根据《最高人民法院关于审理道路交通事故损害赔偿案件适用法律若干问题的解释》第二十七条规定可知，法院在审理交通事故赔偿案件时，应当将交警部门制作的交通事故认定书作为确定交通事故责任的重要证据，但它并不是法院据以判定当事人之间赔偿权利和义务关系内容的唯一依据。针对类似本案的情况，在交警部门没有作出交通事故认定书，或者交通事故认定书的结论无法确定当事人的事故责任的情况下，刘某也可以向人民法院起诉，但是需要提交充分的证据证明自己的伤情是由邢某造成的。比如，事故目击者的证人证言、邢某支付2000元医疗费用的相关证据。在案件判决时，法院会综合全案双方当事人举证的证据材料，根据构成交通事故损害赔偿责任的要件要求，综合认定交通事故当事人的行为对交通事故所起的作用及过错程度，确定当事人的事故责任，并据此确定邢某应承担的民事赔偿责任。

法律条文

《最高人民法院关于审理道路交通事故损害赔偿案件适用法律若干问题的解释》

第二十七条 公安机关交通管理部门制作的交通事故认定

书，人民法院应依法审查并确认其相应的证明力，但有相反证据推翻的除外。

专家解析

交管部门制作的交通事故认定书是法院判定事故责任的重要依据，但是该交通事故认定书并非判定事故责任的唯一标准，法院应当依法审查并确认该事故认定书的证明力，有相反证据推翻或无法确定当事人的事故责任时，法院应结合全案证据材料，综合认定交通事故当事人的行为对交通事故所起的作用及过错程度，确定当事人的事故责任。

89. 孤寡老人在交通事故中死亡，帮助其支付抢救费用及丧葬费用的朋友能向法院起诉要求肇事者赔偿吗？

案例场景

王阿姨是孤寡老人，身边没有什么亲人，但是她身体硬朗，没事时就到小区跳广场舞，其间结识了张阿姨，二人成了无话不谈的好友。有一天，王阿姨外出购物时被李某驾驶的轿车撞伤，被送往医院抢救，张阿姨接到警察的通知后急忙赶到医院，为王阿姨支付了近一万元的抢救费用。但最终王阿姨因伤情过重抢救无效死亡。王阿姨去世后，张阿姨为其办理了丧事。后张阿姨找到事故车辆投保的保险公司，要求保险公司在责任限额范围内承担抢救费及丧葬费，但是保险公司拒绝承担。那么，张阿姨能因此向法院起诉要求保险公司承担赔偿责任吗？

依法分析

根据《最高人民法院关于审理道路交通事故损害赔偿案件适用法律若干问题的解释》第二十六条第三款的规定，被侵权人因道路交通事故死亡，无近亲属或者近亲属不明，支付被侵权人医疗费、丧葬费等合理费用的单位或者个人，请求保险公司在交强险责任限额范围内予以赔偿的，人民法院应予支持。本案中，王阿姨身边没有亲人，张阿姨作为朋友为王阿姨支付了抢救费及丧葬费用后，依法请求保险公司在交强险责任限额范围内予以赔偿的，人民法院应予支持。因此张阿姨有权请求保险公司在交强险责任限额范围内赔偿自己所支付的合理费用。

法律条文

《最高人民法院关于审理道路交通事故损害赔偿案件适用法律若干问题的解释》

第二十六条 被侵权人因道路交通事故死亡，无近亲属或者近亲属不明，未经法律授权的机关或者有关组织向人民法院起诉主张死亡赔偿金的，人民法院不予受理。

……

被侵权人因道路交通事故死亡，无近亲属或者近亲属不明，支付被侵权人医疗费、丧葬费等合理费用的单位或者个人，请求保险公司在交强险责任限额范围内予以赔偿的，人民法院应予支持。

专家解析

被侵权人因交通事故死亡，无近亲属或者近亲属不明的，未经法律授权的机关或者有关组织无权向法院请求主张死者的死亡赔偿金；但非近亲属的个人或者组织支付了死者的医疗费、丧葬费等合理费用的，可以请求承保肇事车辆的保险公司在交强险的责任限额内予以赔偿，以弥补自己的损失。

90. 驾校的学员在培训期间发生交通事故，应由谁承担赔偿责任？

案例场景

2018 年 6 月 2 日，顾某在某驾校报名，欲学习驾驶技术考取 C 本驾驶执照。2018 年 6 月 30 日驾校为顾某安排了科目一考试，顾某通过后，驾校于 2018 年 7 月 2 日为顾某安排上车学习科目二相关技巧。7 月 5 日早上 8 点，顾某在驾校练习坡道起步时发生意外，将位于坡下安全区内的学员朱某撞倒，造成其腿部骨折。朱某受伤住院后，驾校支付了部分医疗费用。后朱某就与驾校商量赔偿事宜。驾校称事故是顾某造成的，应由顾某承担责任。那么，对于朱某的损失应由谁承担赔偿责任呢？

依法分析

《最高人民法院关于审理道路交通事故损害赔偿案件适用法律若干问题的解释》第七条规定，接受机动车驾驶培训的人员，在培训活动中驾驶机动车发生交通事故造成损害，属于该机动车一方责任，当事人请求驾驶培训单位承担赔偿责任的，人民法院应予支持。本案中，顾某作为驾校学员，其在学习驾驶技术过程中发生交通事故，造成学员朱某受伤。而事故发生时朱某在安全区域，不存在任何过错，那么对于朱某的损害，应由驾校承担赔偿责任。

法律条文

《最高人民法院关于审理道路交通事故损害赔偿案件适用法律若干问题的解释》

第七条 接受机动车驾驶培训的人员，在培训活动中驾驶机动车发生交通事故造成损害，属于该机动车一方责任，当事人请求驾驶培训单位承担赔偿责任的，人民法院应予支持。

专家解析

驾校学员在学车过程中驾驶机动车发生交通事故造成损害的，如果属于机动车一方责任，应当由驾校承担赔偿责任。这样规定是因为驾校作为驾驶培训单位，依法对接受培训人员的行为及驾驶安全负有法定监督、保护的义务。

91. 在高速公路上行走被撞伤，应由谁承担赔偿责任？

案例场景

刘某家住高速公路附近，总有运煤车从高速路上经过，偶尔会掉下煤块，刘某就在高速路的坡下捡拾煤块。2018 年 7 月 10 日，刘某发现高速路的边沿上有不少掉落的煤块，且看到路上车辆稀少，就想爬到高速路上捡煤。就在他翻越高速围栏在路面捡煤时，一辆大货车疾速驶来，司机发现刘某后急忙踩刹车，但是为时已晚，刘某被当场撞死。经公安交通警察大队高速支队勘查，作出了交通事故认定书，认定刘某承担此事故的全部责任，大货车司机无责任。那么，在这种情况下，刘某的死亡赔偿责任应由谁承担？

依法分析

根据《最高人民法院关于审理道路交通事故损害赔偿案件适用法律若干问题的解释》第九条以及《侵权责任法》第七十六条规定可知，在高速公路发生事故后，如果高速公路管理单位未尽到相关的义务，权利人请求其承担相应责任的，人民法院予以支持；如果事故是因行人、非机动车驾驶人进入高速公路引发，并且造成自身的损害，公路管理单位尽到了相应的责任，则对事故造成的损失不承担责任。本案中刘某通过攀爬高速公路围栏进入高速公路，捡拾煤块被大货车撞死，高速公路管理局在此次事故中没有任何过错，刘某应对自己的行为承担责任。

法律条文

《最高人民法院关于审理道路交通事故损害赔偿案件适用法律若干问题的解释》

第九条 因道路管理维护缺陷导致机动车发生交通事故造成损害，当事人请求道路管理者承担相应赔偿责任的，人民法院应予支持，但道路管理者能够证明已按照法律、法规、规章、国家标准、行业标准或者地方标准尽到安全防护、警示等管理维护义务的除外。

依法不得进入高速公路的车辆、行人，进入高速公路发生交通事故造成自身损害，当事人请求高速公路管理者承担赔偿责任的，适用侵权责任法第七十六条的规定。

《中华人民共和国侵权责任法》

第七十六条 未经许可进入高度危险活动区域或者高度危险物存放区域受到损害，管理人已经采取安全措施并尽到警示义务的，可以减轻或者不承担责任。

专家解析

具有安全管理职责的道路管理单位必须依法履行安全保障与管理义务，因管理维护缺陷致使交通事故发生造成损害，且无法证明自己尽到了安全保障与管理义务的，道路管理部门应当为自己的过错承担损害赔偿责任；如果能够证明自己已经采取了安全措施并尽到警示义务的，道路管理部门可以相应减轻或免除赔偿责任。

92. 营运的货车因交通事故受损，那么损害赔偿范围包括哪些？

案例场景

张某有四辆营运的货车，主要负责某省范围内的货物运输。一天他接到一笔业务，将一车螃蟹从该省某沿海城市 A 市运往 B 市。张某亲自驾驶该车负责营运，在高速出口时与高某驾驶的货车相撞，发生交通事故，造成张某的货车翻倒，车辆及螃蟹受损。交管部门作出交通事故认定书认定高某负事故的主要责任，张某负次要责任。张某的车辆经物价部门的鉴定车辆损失为 82230 元，螃蟹的损失为 42000 元。另张某因此事故开支施救费 5000 元，车辆损失评估费为 3000 元，货物的评估费为 2300 元，车辆维修期间停运 30 天。那么，在此次事故中，张某的哪些损失可以获得赔偿？

依法分析

根据《最高人民法院关于审理道路交通事故损害赔偿案件

适用法律若干问题的解释》第十五条的规定,因道路交通事故造成被损车辆的维修费用、车辆所承载的物品、车辆的施救以及因车辆损坏而造成其他经济损失等财产损失的赔偿请求,法院均会予以支持。本案中张某的车辆损失费及货物螃蟹的损失费用、施救费用都可以获得赔偿,车损评估费及货物评估费是为确定车辆损失和货物损失而支付的必要的合理费用,也会得到赔偿。同时,如果张某欲主张停运损失费用,就必须进行该损失的鉴定,否则不会得到停运损失的赔偿。

法律条文

《最高人民法院关于审理道路交通事故损害赔偿案件适用法律若干问题的解释》

第十五条 因道路交通事故造成下列财产损失,当事人请求侵权人赔偿的,人民法院应予支持:

(一)维修被损坏车辆所支出的费用、车辆所载物品的损失、车辆施救费用;

(二)因车辆灭失或者无法修复,为购买交通事故发生时与被损坏车辆价值相当的车辆重置费用;

(三)依法从事货物运输、旅客运输等经营性活动的车辆,因无法从事相应经营活动所产生的合理停运损失;

(四)非经营性车辆因无法继续使用,所产生的通常替代性交通工具的合理费用。

专家解析

《最高人民法院关于审理道路交通事故损害赔偿案件适用法律若干问题的解释》第十五条是关于交通事故造成的财产损

失的赔偿范围的规定。交通事故的财产损失范围，不仅仅限于我们日常所理解的车辆的损坏维修费用、车辆施救费用、车辆所载物品的损失，还包括因车辆无法使用而需购买与被损车辆价值相当的车辆重置费用，因车辆无法继续使用所产生的通常替代性交通工具的合理费用。如果被损车辆属于经营性车辆，因无法从事该经营活动所造成的合理停运损失也应当计算在内。

93. 事故车辆同时投保了交强险和商业三者险的，应怎样进行赔偿？

案例场景

2017 年 8 月 20 日，林某为其购买的新车向某保险公司投保了交强险及不计免赔商业三者险，三者险保额为 30 万元。2018 年 6 月 15 日上午 9 时许，林某驾驶车辆将骑自行车的杜某撞倒，造成杜某受伤。交警作出的交通事故认定书认定林某承担事故的全部责任，杜某无责任。杜某受伤后被送往某市人民医院住院治疗，住院 35 天，花费医疗费用 9 万余元。后杜某向法院提起诉讼，要求林某及其车辆所投保的保险公司承担赔偿责任，并申请法院委托进行伤残评定。经鉴定，杜某的伤情为 9 级伤残，误工期 8 个月，护理期 3 个月。那么，在林某同时投保了交强险及商业三者险的情况下，应怎样进行赔偿？

依法分析

根据《最高人民法院关于审理道路交通事故损害赔偿案件适用法律若干问题的解释》第十六条及《侵权责任法》第二十二

条规定，同时投保机动车第三者责任强制保险（以下简称交强险）和第三者责任商业保险（以下简称商业三者险）的机动车发生交通事故造成损害，当事人同时起诉侵权人和保险公司的，法院应当按照以下规则确定赔偿责任：先由承保交强险的保险公司在责任限额范围内予以赔偿；剩余不足部分由承保商业三者险的保险公司根据保险合同予以赔偿；仍有不足的，依照道路交通安全法和侵权责任法的相关规定由侵权人予以赔偿。由此我们可以得出本案的赔偿方式：本案中林某承担事故的全部责任，那么先由承保交强险的保险公司在责任限额范围内对杜某予以赔偿，然后保险公司再在商业三者险的限额内赔偿，如果还不够的话，不足部分只能由林某赔偿了。根据本案中杜某的伤情，交强险和商业三者险就完全能够赔偿杜某的全部损失，但是林某作为被告还需承担本案的诉讼费用。

法律条文

《最高人民法院关于审理道路交通事故损害赔偿案件适用法律若干问题的解释》

第十六条 同时投保机动车第三者责任强制保险（以下简称“交强险”）和第三者责任商业保险（以下简称“商业三者险”）的机动车发生交通事故造成损害，当事人同时起诉侵权人和保险公司的，人民法院应当按照下列规则确定赔偿责任：

（一）先由承保交强险的保险公司在责任限额范围内予以赔偿；

（二）不足部分，由承保商业三者险的保险公司根据保险合同予以赔偿；

（三）仍有不足的，依照道路交通安全法和侵权责任法的相关规定由侵权人予以赔偿。

被侵权人或者其近亲属请求承保交强险的保险公司优先赔偿精神损害的，人民法院应予支持。

《中华人民共和国侵权责任法》

第二十二条 侵害他人人身权益，造成他人严重精神损害的，被侵权人可以请求精神损害赔偿。

专家解析

交强险是机动车强制保险，发生损害需要赔偿时首先由承保交强险的保险公司在责任限额范围内予以赔偿，不足部分才由承保商业三者险的保险公司根据投保人的投保限额予以理赔，仍不足部分则由侵权人自己承担。交强险的限额往往不足以支付事故赔偿，而同时投保商业三者险则可以分担风险，减轻自己的损失。

94. 一起交通事故造成多人受伤，在伤者同时起诉时，应怎样确定各自在交强险内的赔偿数额？

案例场景

2018 年 6 月 25 日，张某驾驶其所有的面包车拉着四个朋友一起去吃饭，当行驶至某路口时与赵某驾驶的轿车相撞，造成张某及面包车内的四名乘客全部受伤。经交警出具的交通事故认定书认定张某和赵某承担事故的同等责任。张某及四名乘客受伤后均住院治疗。张某的伤情被评定为 9 级伤残，其余四人均为 10 级伤残。后张某和四名乘客均向人民法院提起诉讼，要求赵某及其承保的保险公司承担赔偿责任。那么，在此情况下，就交强险的12万元赔偿限额应怎样确定赔偿比例？

依法分析

根据我国《侵权责任法》第十九条、第二十条以及《最高人民法院关于审理道路交通事故损害赔偿案件适用法律若干问题的解释》第二十二条的规定可知，法院是根据比例原则来确定被侵权人分别应获得的赔偿数额的。也就是说，在同一交通事故造成多人受伤时，需要计算各被侵权人的损害赔偿数额，按其数额在所有被侵权人总的损害数额中占的比例进行交强险赔偿金分配。本案中，张某为9级伤残，其余四人为10级伤残，根据每个人的伤残情况及损失情况确定赔偿比例。

法律条文

《中华人民共和国侵权责任法》

第十九条 侵害他人财产的，财产损失按照损失发生时的市场价格或者其他方式计算。

第二十条 侵害他人人身权益造成财产损失的，按照被侵权人因此受到的损失赔偿；被侵权人的损失难以确定，侵权人因此获得利益的，按照其获得的利益赔偿；侵权人因此获得的利益难以确定，被侵权人和侵权人就赔偿数额协商不一致，向人民法院提起诉讼的，由人民法院根据实际情况确定赔偿数额。

《最高人民法院关于审理道路交通事故损害赔偿案件适用法律若干问题的解释》

第二十二条 同一交通事故的多个被侵权人同时起诉的，人民法院应当按照各被侵权人的损失比例确定交强险的赔偿数额。

专家解析

每一个公民的人身财产权利都应当受到法律的保护，因交通事故造成损害时也不可能存在“同命异价”的赔偿方式，法院应当根据损失与赔偿相一致原则，确保被侵权人在各自损失大小的范围内从交强险赔偿金中获得相应的赔偿数额。

95. 未经他人允许擅自驾驶他人机动车发生交通事故，赔偿责任应由谁承担？

案例场景

吕某在某城镇企业从事会计工作，该公司为方便后勤人员外出办事就购买了一辆轿车，并专门配备了一名司机。2018 年 7 月 15 日中午，所有员工都已经下班了，吕某因家中有事着急回家，便私自拿了公司轿车的钥匙，驾驶该车回家。在回家的途中，吕某将行人钟某撞伤。经交通警察支队第三交警大队出具的交通事故认定书认定吕某承担事故的主要责任。钟某受伤后住院，但因为无力支付治疗费用，便请求交警进行调解，他希望吕某能先为自己缴纳医疗费用。后钟某从交警队处得知，事故车辆的车主是该城镇企业。那么，谁应该为钟某的损害承担赔偿责任？

依法分析

根据《最高人民法院关于审理道路交通事故损害赔偿案件适用法律若干问题的解释》第二条的规定，我们可以看出，在未经车辆所有人同意的情况下所造成的损失，首先由保险公司在机动车第三者强制保险责任限额范围内予以赔偿，不足部分由机动车的使用人承担。机动车所有人对事故的发生存在过错的，也要承担相应的赔偿责任。这里的"过错"是指机动车所有人知道或者应当知道：1. 机动车存在缺陷且该缺陷是交通事故发生的原因；2. 使用人未取得相应的驾驶资格；3. 使用人有饮酒、服用国家管制的精神药品或者麻醉药品，或者患有妨碍安全驾驶机动车的疾病等依法不能驾驶机动车的情形以及其他能够认定机动车所有人存在过错的情形。具体到本案，事故车辆登记在某城镇企业的名下，企业为该车辆配备了专门的司机，而吕某在没有经过单位领导或是司机同意的情况下，私自取走车钥匙并驾驶车辆发生交通事故，车辆的所有人对本次事故的发生没有过错，应由驾驶人吕某承担超出保险限额部分的赔偿责任。

法律条文

《最高人民法院关于审理道路交通事故损害赔偿案件适用法律若干问题的解释》

第二条 未经允许驾驶他人机动车发生交通事故造成损害，当事人依照侵权责任法第四十九条的规定请求由机动车驾驶人承担赔偿责任的，人民法院应予支持。机动车所有人或者管理人有过错的，承担相应的赔偿责任，但具有侵权责任法第五十二条规定情形的除外。

《中华人民共和国侵权责任法》

第四十九条 因租赁、借用等情形机动车所有人与使用人不是同一人时，发生交通事故后属于该机动车一方责任的，由保险公司在机动车强制保险责任限额范围内予以赔偿。不足部分，由机动车使用人承担赔偿责任；机动车所有人对损害的发生有过错的，承担相应的赔偿责任。

第五十二条 盗窃、抢劫或者抢夺的机动车发生交通事故造成损害的，由盗窃人、抢劫人或者抢夺人承担赔偿责任。保险公司在机动车强制保险责任限额范围内垫付抢救费用的，有权向交通事故责任人追偿。

专家解析

未经机动车所有人或者管理人同意，驾驶他人机动车发生交通事故造成的损害，由于侵权人才是车辆的使用者，车辆所有人或者管理人当时对车辆无法实际管理，因此发生事故造成的损害应当由车辆的实际使用人即侵权人承担。但是，如果车辆的所有人或者管理人存在过错，疏于管理，那么其应当为自己的过错承担相应的赔偿责任。

96. 买车试驾过程中发生交通事故，应由谁承担赔偿责任？

案例场景

2018 年 7 月 5 日上午，陈某到人民公园参加车展。此次车展规模非常大，有好几个品牌进行展览，陈某经过认真挑选，选中了一款价位 12 万元左右的轿车。陈某向销售人员询问车辆的性能及特点，该销售人员在简单讲解该车优点后就让陈某试驾。陈某上车后又向销售人员询问注意事项，销售人员称车辆性能良好，没有需要注意的特别事项。陈某驾车沿着公园外面的马路行驶，在拐弯时撞上了路边大树，造成陈某腿部骨折。那么，在这种情况下，应由谁承担陈某的赔偿责任？

依法分析

根据《最高人民法院关于审理道路交通事故损害赔偿案件适用法律若干问题的解释》第八条的规定可知，顾客在试乘的过程中发生交通事故，汽车销售店是需要承担赔偿责任的。只有在证明顾客对事故的发生存在过错时，才能减轻汽车销售店的赔偿责任。这一规定充分体现了过错责任原则。具体到本案，陈某在试驾前多次询问车辆特点及性能，但是销售人员均未详细讲解，这才导致陈某发生交通事故，理应由汽车销售公司承担赔偿责任。但是如该汽车销售公司能提供证据证明陈某并不是因为车辆原因发生事故，而是陈某自身原因或是在试驾过程中存在过错，那么就可以减轻汽车销售公司的赔偿责任。

法律条文

《最高人民法院关于审理道路交通事故损害赔偿案件适用法律若干问题的解释》

第八条 机动车试乘过程中发生交通事故造成试乘人损害，当事人请求提供试乘服务者承担赔偿责任的，人民法院应予支持。试乘人有过错的，应当减轻提供试乘服务者的赔偿责任。

专家解析

汽车体验店或者销售店及其试乘服务提供者应对顾客及不特定其他人的安全尽到应有的保障义务。因此，在试乘过程中发生交通事故造成损害的，试乘人可以向提供试乘的个人或组织进行索赔，但是如果试乘人有过错的，应当相应减轻对方的赔偿责任。这一规定充分体现了法律责任分配的公平性原则，以及对服务者安全保障义务的强制性要求。

97. 在马路上堆放物品导致交通事故，谁应对事故中造成的财产损失承担责任？

案例场景

李某所居住的小区门前的马路是夜市专用路段，每天晚上 10 点之前都会摆满各种商品，10 点之后才允许车辆通行。李某便在自己家楼下摆摊售卖水果。2018 年 7 月 10 日晚 9 点 30 分，夜市的摊位开始撤摊，李某收拾完水果摊后就将这几天烂掉的水果全部堆放到马路的边缘。当晚 10 点半左右，古某驾驶车辆回家途中撞到李某的烂水果堆上，造成车辆倾覆及古某受伤。古某住院治疗 20 天，开支医疗费用 3 万元，后在家休养一个多月才上班工作。那么，对于古某的损失是否应由李某承担责任呢？

依法分析

根据《最高人民法院关于审理道路交通事故损害赔偿案件适用法律若干问题的解释》第十条规定可知，因他人在公路上倾倒垃圾造成事故时，赔偿权利人有权要求倾倒垃圾者进行赔偿，公路管理者存在过错时，也需要承担相应责任。本案中，李某将自己积攒的烂水果全部堆积到马路边缘，致使古某发生交通事故，那么古某的医疗费、伙食补助费、误工费等损失应由李某进行赔偿。如果由于道路管理局未及时清扫堆积在路面上的废弃物，且未设置警示标志，造成公路不畅通，致使古某受伤及车辆受损的，道路管理部门对此负有过错责任，那么道路管理局也应承担相应的赔偿责任。

法律条文

《最高人民法院关于审理道路交通事故损害赔偿案件适用法律若干问题的解释》

第十条 因在道路上堆放、倾倒、遗撒物品等妨碍通行的行为，导致交通事故造成损害，当事人请求行为人承担赔偿责任的，人民法院应予支持。道路管理者不能证明已按照法律、法规、规章、国家标准、行业标准或者地方标准尽到清理、防护、警示等义务的，应当承担相应的赔偿责任。

专家解析

道路管理部门必须依法履行管理义务，因道路上堆放、倾倒、遗撒物品等妨碍了交通，致使交通事故发生造成损害，道路管理部门无法证明自己尽到了法定的清理、防护、警示等义务的，应当依法予以赔偿。

98. 道路维修未设置明显标识导致交通事故，应由谁承担赔偿责任？

案例场景

2018年7月15日凌晨2时，吴某驾车从外地出差回家，行驶至中山路某路段时途经路面维修区域，该区域有连续5米低于路面20厘米的路段，吴某驶到此处后因一边路面过低，造成车辆失去控制撞上路边的绿化带及电线杆，致使吴某受伤，车辆受损。吴某受伤后到医院就诊，经医生诊断为左手三指骨折，头部挫裂伤。吴某认为自己受伤是因为施工单位没有在维修路面设置明显标识造成的，应该由施工单位承担赔偿责任。那么，吴某是否有权要求施工单位承担责任呢？

依法分析

在马路、公路上施工，施工单位应做出明显的标识，如果有坑洞，要用灯光标识。根据《最高人民法院关于审理道路交通事故损害赔偿案件适用法律若干问题的解释》第十一条规定可知，当道路施工问题是造成交通事故的原因之一时，权利人要求施工单位承担赔偿损失，人民法院是予以支持的。本案中，公路施工单位在施工地点未设立明显的安全警示标志，致使吴某发生交通事故，说明施工单位在施工过程中没有尽到安全警示、管理义务，这是导致此次事故发生的主要原因，吴某当然有权要求施工单位承担此次事故的赔偿责任。

法律条文

《最高人民法院关于审理道路交通事故损害赔偿案件适用法律若干问题的解释》

第十一条　未按照法律、法规、规章或者国家标准、行业标准、地方标准的强制性规定设计、施工，致使道路存在缺陷并造成交通事故，当事人请求建设单位与施工单位承担相应赔偿责任的，人民法院应予支持。

专家解析

公路建设单位与施工单位未依法设计、施工，致使道路存在缺陷并造成交通事故的，应当依法承担赔偿责任，但是应当根据道路缺陷与事故损害后果的原因来确定建设单位和施工单位应当承担的损失赔偿份额。

99. 车辆多次转让均未办理过户手续，车辆发生交通事故后登记的车主是否承担赔偿责任？

案例场景

张某购买了一辆丰田凯美瑞轿车，开了两年后欲换一辆国产车，就将凯美瑞轿车卖给了自己的好友刘某，刘某要求张某办理过户手续，但是恰逢张某被公司派往外地，过户事宜就一直搁置下来。后刘某又将车出售给高某，双方签订了二手车买卖协议，刘某承诺在原车主回来后就让他协助高某办理过户事宜。2018年7月19日中午11时30分许，高某驾驶丰田凯美瑞撞伤行人丁某。丁某的家属一直要求高某承担赔偿责任，高某以自己不是本车车主为由拒绝赔偿。丁某欲向法院起诉，那么他应该起诉高某还是原车主张某？

依法分析

根据《最高人民法院关于审理道路交通事故损害赔偿案件适用法律若干问题的解释》第四条规定可知，经过多次买卖的机动车在已经交付但未办理所有权转移登记的情况下发生交通事故损害的，首先由保险公司在机动车第三者责任强制保险责任限额范围内予以赔偿，不足的部分再由最后一次的受让人承担赔偿责任。具体到本案，张某将车出售给刘某，刘某又将车出售给高某，高某与刘某签订了二手车买卖协议，刘某将车辆实际交付给了高某，也就是说车辆的实际所有人及使用人为高某。高某驾驶车辆发生交通事故，将行人丁某撞伤，那么对于丁某的损失就应由高某赔偿，车主张某及第二次的卖主刘某都不应承担责任。但是在实践中，一般在伤者起诉时尽量将登记车主、司机、实际车主同时列为被告，再由他们对各自应该承担的赔偿部分承担举证责任，这样就减轻了伤者的举证责任，也对主张赔偿最为有利。

法律条文

《最高人民法院关于审理道路交通事故损害赔偿案件适用法律若干问题的解释》

第四条 被多次转让但未办理转移登记的机动车发生交通事故造成损害，属于该机动车一方责任，当事人请求由最后一次转让并交付的受让人承担赔偿责任的，人民法院应予支持。

专家解析

被多次转让且已经交付但未办理过户手续的机动车已经由其实际所有人占有和使用，发生交通事故造成损害的，如果机动车车主不负有事故责任，应当由机动车的实际占有者承担赔偿责任，即最后一次转让并交付的受让人承担赔偿责任。

第五章　房屋租赁、买卖与征收法律知识

100. 租赁期满，承租人想继续租住房屋并且出租人没有表示反对的，原租赁合同还继续有效吗？

案例场景

郭某与女友单某毕业后一同来到上海工作，为了节约开支，两人租了一套一室一厅的单元房，租赁期限为一年，房租为每月2000元，并且规定房租按季度进行支付。转眼一年期限到了，郭某和单某商议打算继续租住在这里，可是给房东打了几次电话房东都说在忙，然后电话就被挂断了，后来，郭某直接将下一季度的房租6000元按照原来的账号转给了房东，几天过去了，房东并没有给郭某回电话或发信息，那么，此时郭某与房东签订的原租赁合同还继续有效吗？

依法分析

郭某还可以继续租住该房屋，双方原来签订的租赁合同继续有效。我国《合同法》第二百三十六条规定，租赁期间届满，如果承租人继续使用租赁物，而出租人也没有提出异议，原租赁合同继续有效，只不过租赁期限改为不定期，双方可以随时提出解除

合同。出租人要解除合同的，需要在合理期限之前通知承租人。具体到本案中，虽然郭某与房东的租赁合同期限已经届满，但郭某仍按照原合同履行支付房租的义务，房东收到房租时并未对张某继续租住该房屋提出异议，所以应依法认定为原租赁合同继续有效，只不过双方的租赁期限改为不定期。如果房东要解除合同，应根据《合同法》第二百三十二条的规定，在合理期限之前通知郭某，而不能要求其立即搬出。

法律条文

《中华人民共和国合同法》

第二百三十二条 当事人对租赁期限没有约定或者约定不明确，依照本法第六十一条的规定仍不能确定的，视为不定期租赁。当事人可以随时解除合同，但出租人解除合同应当在合理期限之前通知承租人。

第二百三十六条 租赁期间届满，承租人继续使用租赁物，出租人没有提出异议的，原租赁合同继续有效，但租赁期限为不定期。

专家解析

租赁根据是否有租赁期限分为定期租赁和不定期租赁。不定期租赁是说当事人在合同中未约定租赁期限，任何一方均可以随时解除合同。定期租赁是说当事人在合同中约定了租赁期限，合同于租赁期届满时终止。未约定期限或者约定期限不明确的租赁合同在履行时有一定困难，容易酿成纠纷，当事人双方为保障自身权益应该约定租赁期限，减少不必要的争议。

101. 租赁房屋的修缮费用应该由谁承担?

案例场景

郭某为了上班方便准备租住李某一套一室一厅的房屋,双方谈好了租赁期限和租金等相关事宜后,郭某便搬了进来。但是,住了不到两个月该房屋的冲水管道坏了,郭某打电话给李某,李某认为出租给郭某之前该管道是完好的,在郭某使用期间坏掉了,所以应该由郭某负责修理。看着水白白流掉郭某很心疼,于是,他自己出钱修理了该冲水管道。那么,李某的做法对吗? 租赁房屋的修缮费用应该由谁支付?

依法分析

该笔维修费应由房东李某承担。我国《合同法》第二百二十一条规定,因出租人未履行维修义务的,承租人可以自行维修,但维修费用应该由出租人承担。本案中郭某与李某签订了合法的租赁合同,郭某支付了房租,李某交付了房屋,该合同已经生效、履行,双方就应依合同约定履行自己的义务。房屋冲水管道损坏,李某作为出租人本应当履行租赁物的维修义务,但其却未履行反而要求承租人郭某自行维修。郭某是在要求李某对水管进行维修遭拒时,才自行请人进行维修的。因此,郭某为维修水管支付的费用应当由李某负担。

法律条文

《中华人民共和国合同法》

第二百二十条 出租人应当履行租赁物的维修义务，但当事人另有约定的除外。

第二百二十一条 承租人在租赁物需要维修时可以要求出租人在合理期限内维修。出租人未履行维修义务的，承租人可以自行维修，维修费用由出租人负担。因维修租赁物影响承租人使用的，应当相应减少租金或者延长租期。

专家解析

出租人的维修义务体现在租赁物出现不能使用或影响正常使用时，出租人必须对该租赁物进行修理和维护，以保证承租人能够正常使用该租赁物。出租人的维修义务也是需要承租人协助来履行的。当租赁物出现问题时，承租人应及时通知出租人，并在出租人对租赁物进行正常维修时，积极配合出租人。对租赁物的维修是出租人的义务，当其未尽该义务时，为保证租赁物的正常使用，承租人可以代为履行维修义务，但由此产生的费用应当由出租人负担，承租人已经支付的，可以要求出租人偿还或者从租金中扣除。

102. 交房前购房者怎样做才能防止开发商将房屋另卖?

案例场景

孙某和女友打算年底结婚，为了在结婚时住上自己的房子，孙某千挑万选终于选中一套两室一厅的房子，该房子无论格局、位置还是高度都令孙某和女友非常满意，于是孙某和开发商签订了购房合同并缴纳了定金。但是，孙某还是放心不下，他觉得这套房子特别好，怕开发商将该房另卖他人。那么，交房前购房者怎样做才能防止开发商将房屋另卖呢？

依法分析

孙某可以向登记机构申请预告登记来防止开发商将已购房屋卖给他人。预告登记是指当事人约定买卖期房或者转让其他不动产物权时，为了限制卖方把该不动产另外转让给他人，保障债权人将来取得物权而作的登记。所以，当孙某与房地产公司签订了买卖合同和有了申请预告登记的约定后，就可以申请预告登记。这样，如果房地产公司将该房屋再转卖给其他人，未经孙某的同意，其转让行为是不发生法律效力的。但是预告登记同样也有时间限制，即预告登记之日起三个月内未申请产权过户登记的，预告登记失效。所以，孙某应在三个月内办理过户登记，否则预告登记失效。

法律条文

《中华人民共和国物权法》

第二十条 当事人签订买卖房屋或者其他不动产物权的协议，为保障将来实现物权，按照约定可以向登记机构申请预告登记。预告登记后，未经预告登记的权利人同意，处分该不动产的，不发生物权效力。

预告登记后，债权消灭或者自能够进行不动产登记之日起三个月内未申请登记的，预告登记失效。

专家解析

预告登记制度的目的是限制卖房人、开发商处分不动产，保障买房人取得交易房屋权属。预告登记权利并不是法定的权利，而是由买卖双方在协议中约定的权利，即只有交易双方达成一致性意见，并在合同中约定可以进行预告登记的，一方当事人才可以行使预告登记的权利。该制度的确立为解决“一房多卖”提供了有效的防御手段，从而更能保证交易安全，维护不动产交易秩序。

103. 卖方能够将进行预告登记后的房屋抵押吗？

案例场景

张某经人介绍打算购买赵某的房屋，双方约定款项一次性付清，款项付清一个月后办理产权过户登记手续。合同签订后，张某便交付了足额的房款，但是他并不放心，于是他到相关部门进行了预告登记。一周以后，赵某因资金周转困难向乔某借款10万元，乔某要求以赵某卖给张某的房屋做抵押，赵某满口答应并办理了相关的手续。那么，赵某的做法对吗？在这种情况下他有权将该房屋抵押吗？

依法分析

张某已经与赵某签订了购房合同，该合同已经生效且已实际履行，赵某无权再向乔某抵押该房屋。乔某的抵押权对于张某是无效的。为了保障房屋购买人的权益，我国《物权法》第二十条规定了预告登记制度,即当事人签订买卖房屋或者其他不动产物权的协议,为保障将来实现物权,按照约定可以向登记机构申请预告登记。建立本制度的目的就是限制不动产权利人“一物二卖”及擅自抵押等行为,保护市场交易安全有序并保证购买人的利益实现。也就是说,一旦进行了登记预告,在有效期限内,原房主将此房再次出售或者抵押的行为通通无效。本案中,由于张某对该房屋进行了预告登记,所以赵某后设定的抵押权对张某不发生效力。

法律条文

《中华人民共和国物权法》

第二十条 当事人签订买卖房屋或者其他不动产物权的协议,为保障将来实现物权,按照约定可以向登记机构申请预告登记。预告登记后,未经预告登记的权利人同意,处分该不动产的,不发生物权效力。

预告登记后,债权消灭或者自能够进行不动产登记之日起三个月内未申请登记的,预告登记失效。

专家解析

预告登记制度通俗来讲就是购房人将自己购房的事实进行预告登记,卖房人再将房屋二次转让、抵押、出租等行为都不能对抗购房人的权利,这就可以确保购房人获得所购买的房屋。但是预告登记不是长期有效的救济途径,需要购房人在能够进行不动产登记之日起三个月内进行不动产权属的登记、变更,否则,预告登记失效。

104. 继承人继承房产后，能够将该尚未过户的房产转让吗？

案例场景

周某是家中的独子，结婚后一直在外地居住，老家有一套房子由周某的父母居住。2017 年 8 月，周某的父母因意外去世，周某奔丧后考虑到父母的房子离自己家太远，打理起来很不方便，不如直接卖掉。于是，周某经人介绍后将该房屋卖给了钱某，但是在卖给钱某之前周某并没有将该房屋过户到自己名下，而是直接以父母的名字卖给了钱某。那么，周某的这种出卖行为有效吗？

依法分析

周某未将父母遗留的房屋过户到自己名下就进行出卖的行为无效，钱某不能取得房屋的所有权。根据我国《物权法》第二十九条的规定，因继承取得房屋的，自继承开始时取得房屋的所有权，即成为房子的合法主人，不需要办理登记手续。但《物权法》第三十一条同时规定，通过继承取得房屋所有权的，如果要将房屋转让给他人，则必须经过登记才发生物权效力。也就是说，如果周某没有将房屋过户到自己名下，进行的转让行为是不发生物权效力的。

法律条文

《中华人民共和国物权法》

第二十九条　因继承或者受遗赠取得物权的，自继承或者受遗赠开始时发生效力。

第三十一条 依照本法第二十八条至第三十条规定享有不动产物权的，处分该物权时，依照法律规定需要办理登记的，未经登记，不发生物权效力。

专家解析

因继承取得物权的，自继承开始时发生效力。这里的“继承开始”就是“被继承人死亡”之时。“死亡”包括事实死亡和宣告死亡，事实死亡就是说老死、病死、意外致死等。被继承人死亡时继承开始，此处的继承又包括法定继承、遗嘱继承和受遗赠继承。继承得来的不动产必须要过户到继承人名下才能发生物权权属的转移。如果不进行权属变更登记，交易相对人买到的房产有可能不是卖房人一人所有，这就很难保证交易相对人债权的实现。因此，买房人一定要注意查看交易的不动产权属证明是否与卖房人信息一致，信息不一致时要谨慎购买。

105. 房屋所有人登记错误，而该登记人又将房屋转让的，其行为有效吗？

案例场景

施某委托表姐帮自己购买一套海景房，选定之后由于其工作繁忙就没有去办理房屋产权登记而是让表姐代劳，结果该房屋错误地登记在了表姐的名下。2017 年 9 月 15 日，施某向当地的登记机关提出异议，请求变更登记。2017 年 11 月 15 日，施某意外发现表姐已经于一个月前将该房屋转卖给了郑某，并且已经办理了相关的手续。那么，施某表姐的做法有效吗？施某可以要求郑某返还自己的房屋吗？

依法分析

施某表姐的转让行为有效，施某不能向郑某要求返还房屋，因为他没有在异议登记后15日有效期内起诉，异议登记已经失去效力。现实生活中，房屋有可能被错误地登记在他人名下，或者有人认为某处登记在他人名下的房产本属自己所有，《物权法》上把提出这种主张的人称为“利害关系人”。《物权法》第十九条赋予了利害关系人异议登记的权利，在进行异议登记后15日内通过诉讼途径来确定房屋到底归谁所有，如果登记后15日内没有起诉，则异议登记失效，视为利害关系人放弃异议，这时如果把房屋卖给第三人，则买卖是有效的。即使利害关系人确实是真正的房主，也不能要求已经取得房屋所有权的第三人返还房屋。

法律条文

《中华人民共和国物权法》

第十九条 权利人、利害关系人认为不动产登记簿记载的事项错误的，可以申请更正登记。不动产登记簿记载的权利人书面同意更正或者有证据证明登记确有错误的，登记机构应当予以更正。

不动产登记簿记载的权利人不同意更正的，利害关系人可以申请异议登记。登记机构予以异议登记的，申请人在异议登记之日起十五日内不起诉，异议登记失效。异议登记不当，造成权利人损害的，权利人可以向申请人请求损害赔偿。

专家解析

在房屋权属登记错误时，房屋的利害关系人可以向登记机构申请变更登记。如果房屋登记簿上记载的所有权人书面同意变更的可以直接进行变更登记，在其不同意更正时，为了保护利害关系人的权益，法律规定了异议登记制度。需要注意的是，异议登记只是临时的救济途径，要求利害关系人在进行异议登记后 15 日内根据登记依据的权属来源不同向法院提起民事确权诉讼或是行政诉讼。

106. 房地产商是否有权将小区共有部分赠给某一个业主？

案例场景

顾某于 2017 年 3 月购买了一套单元房，在签订购买协议之前开发商答应将顾某楼下的公共地下室送给顾某，并允许顾某自行处置该地下室。但是，当签订正式购买合同时，顾某并没有发现该条款，经协商，开发商在其与顾某签订的购房合同中加入了该条款。当该房屋交付使用后，很多人对开发商和顾某的这个协议很不满，纷纷找到开发商要求归还公共地下室，而顾某认为这是开发商的赠与，并且写在了购房合同当中，所以坚持不将该地下室让出。那么，顾某的说法对吗？房地产商有权将小区共有部分赠给某一个业主吗？

依法分析

顾某不能要求房地产公司赠送公共地下室，但可以要求其给予一定经济补偿。依据《物权法》第七十条的规定，业主对建筑物内的住宅、经营性用房等专有部分享有所有权，对专有部分以外的共有部分享有共有和共同管理的权利。公共地下室属整栋楼的全体所有人共有，而不应属于某个业主所有。房地产公司称将其赠送给某个业主，构成了对其他业主对公共地下室使用权的侵害，其赠与行为是无效的。其无效的赠与行为，构成对顾某的违约，因此，顾某可要求房地产公司承担违约责任，给予一定的经济补偿。

法律条文

《中华人民共和国物权法》

第七十条 业主对建筑物内的住宅、经营性用房等专有部分享有所有权，对专有部分以外的共有部分享有共有和共同管理的权利。

《商品房销售管理办法》

第十五条 房地产开发企业、房地产中介服务机构发布的商品房销售广告和宣传资料所明示的事项，当事人应当在商品房买卖合同中约定。

专家解析

业主的建筑物所有权包括对其专有部分的所有权和对建筑区划内共有部分的共有权。业主对自己购买的房屋享有专有所有权，对楼房的电梯、过道、楼梯、外墙面、小区绿化、健身场地等区域与所有业主共同享有所有权及管理权。购房合同中约定的房屋面积就是专有所有权区域，公摊面积就是共有权的区域。因此要提醒购房者，对于开发商广告宣传的事项一定要在购房合同中明确约定，否则很难维护自身权益。

107. 购房人已经付清首付并开始支付银行按揭贷款，此时还可以要求解除购房合同吗？

案例场景

贾某和妻子商议在本市给儿子购买一套婚房，看好房子后贾某交付了首付款并在建设银行办理了按揭贷款。半年后，贾某的儿子称要留在H市，不打算回来了，贾某和妻子商议，儿子不回来买房也没用，而且还得按月还按揭，于是两人想要把该商品房退掉。那么，在这种情况下贾某可以退房吗？

依法分析

贾某无法要求退掉房子，只能与开发商及银行协商解决。根据《合同法》第八条的规定，依法成立的合同，当事人应当按照约定履行自己的义务，不得擅自变更或解除。贾某与开发商签订了房屋买卖合同，又与银行签订了按揭贷款合同并开始按照该合同还款，就应当按照约定履行自己的义务，否则将承担违约责任。贾某如想与开发商解除买卖合同，只能与开发商及银行友好协商，支付一定的补偿金或违约金，或者看开发商有无违约行为，开发商有根本违约行为的，贾某可以要求解除合同。

法律条文

《中华人民共和国合同法》

第八条 依法成立的合同，对当事人具有法律约束力。当事人应当按照约定履行自己的义务，不得擅自变更或者解除合同。

依法成立的合同,受法律保护。

专家解析

合同是双方当事人在协商一致的基础上订立的,合同生效后就在当事人之间产生法律上的约束力、强制力,双方都应该按照合同条款履行合同义务。在履行过程中,如果发生新的情况需要变更或者解除合同时,合同双方应当协商一致,不能擅自单方面变更或者解除。如果合同一方擅自变更或者解除合同,不履行合同义务或者履行合同义务不符合合同约定,使对方当事人的利益受到损害时,就应当承担违约责任。

108. 购房者可以将未交付的期房转让吗?

案例场景

张某在本市的中心地段买了一套期房,并且与房地产开发商签订了期房的房屋预售合同,合同约定房屋交付前不能转让。三个月后,张某接到总公司的调令,调其去北京的总公司工作。考虑到要去北京,张某便打算将刚买的期房出售。经人介绍,张某打算把房子卖给于某,达成一致后,张某和于某一同来到售楼处,想让开发商帮助办理相关事宜,但是开发商拒绝了,理由是期房未交付前不能够转让。那么,开发商的说法对吗?购房者可以将未交付的期房转让吗?

依法分析

张某不能转让未交付使用的房子。根据《合同法》第四十四条第一款和第六十条第一款的规定，依法成立的合同，自成立时生效；当事人应当按照合同约定全面履行自己的义务。虽然现实当中，我国法律并没有禁止商品房的预购人转让自己预购的商品房，但如果预购人与开发商在合同中约定预售商品房转让的条件或限制时，则必须遵守合同约定。所以本案中，当张某与房地产开发公司在合同中约定了房屋交付前不能转让的，就必须遵守约定，否则将承担违约责任。

法律条文

《中华人民共和国合同法》

第四十四条第一款 依法成立的合同，自成立时生效。

第六十条第一款 当事人应当按照约定全面履行自己的义务。

专家解析

依法成立的合同，自成立时生效。合同生效的时间原则上与合同的成立时间是一致的，即合同成立就发生效力。例如，买卖合同，双方当事人就买卖合同的主要内容达成一致时，合同就成立且生效。对于生效的合同，当事人必须完全按照合同的约定履行合同义务，否则会产生不履约的违约行为。

109. 经法院判决取得的房产，何时取得房屋所有权？

案例场景

朱某与其丈夫在婚后买了一套房子，房子登记在丈夫一人名下。后来，因丈夫酗酒并常常实施家庭暴力，朱某不堪其辱，去法院诉讼离婚。在离婚诉讼过程中，法院考虑到朱某离婚后没有住所，且需要抚养孩子，将房子判给了朱某。拿到法院的判决书后，朱某的朋友提醒她：以法院判决的方式取得的房产，去不动产登记中心办理过户登记，房子的所有权才是朱某的。那么，朱某依据法院判决取得的房产，自何时取得房子的所有权？

依法分析

自法院判决生效之日起，朱某就能取得房屋所有权。我国《物权法》虽然规定不动产物权的取得应当依法登记，否则不发生所有权转移的效力，但是，《物权法》第二十八条同时规定，因人民法院、仲裁委员会的法律文书或者人民政府的征收决定等，导致物权设立、变更、转让或者消灭的，自法律文书或者人民政府的征收决定等生效时发生效力。由此可见，经法院判决取得的房产，即使没有办理过户登记，权利人还是能够取得房子的所有权。也就是说，法院经审理把房屋判给了朱某，那么自离婚判决书生效之日起，朱某就取得了房屋的所有权。

法律条文

《中华人民共和国物权法》

第二十八条 因人民法院、仲裁委员会的法律文书或者人民政府的征收决定等，导致物权设立、变更、转让或者消灭的，自法律文书或者人民政府的征收决定等生效时发生效力。

第三十一条 依照本法第二十八条至第三十条规定享有不动产物权的，处分该物权时，依照法律规定需要办理登记的，未经登记，不发生物权效力。

专家解析

法律之所以规定法律文书可以直接发生物权变更的效力，是因为其由国家司法机关作出，应当具有权威性和公信力；但是判决文书因其私密性，并不是所有人都能知晓判决内容，因此其公示效果也很局限，当房屋进入交易市场时，并不能有效地保护第三人的交易安全，故经法院判决取得的房产虽然自文书生效之日起就享有了所有权，但是只有办理了过户登记，权利人才享有了对房屋的处分权。

110. 抵押、查封等因素会影响被征收房屋的价值评估吗？

案例场景

2017 年 2 月，张某因做生意资金周转不灵将其在横溢新苑的一套三室两厅的单元房抵押贷款。三个月后其又因与他人发生经济纠纷，致该小区的另一套单元房又被法院依法查封。2018 年 5 月，该小区因市政府依照市政规划需要依法征收，该小区的房屋被征收人协商选定了一家房地产评估机构。那么，抵押、查封等因素会影响被征收房屋的价值评估吗？

依法分析

根据《国有土地上房屋征收与补偿条例》第二条规定："为了公共利益的需要，征收国有土地上单位、个人的房屋，应当对被征收房屋所有权人（以下称被征收人）给予公平补偿。"因此，房屋征收补偿对象是被征收房屋的所有权人。本案中，虽然张某被征收的房屋被依法查封，但张某仍是房屋的所有权人，应享有征收补偿。同时《国有土地上房屋征收评估办法》第十一条规定："被征收房屋价值是指被征收房屋及其占用范围内的土地使用权在正常交易情况下，由熟悉情况的交易双方以公平交易方式在评估时点自愿进行交易的金额，但不考虑被征收房屋租赁、抵押、查封等因素的影响。前款所述不考虑租赁因素的影响，是指评估被征收房屋无租约限制的价值；不考虑抵押、查封因素的影响，是指评估价值中不扣除被征收房屋已抵押担保的债权数额、拖欠的建设工程价款和其他法定优先受偿款。"因此，本案中，张某的房屋存在被查封情形不会影响该房屋的价值。

法律条文

《国有土地上房屋征收与补偿条例》

第二条 为了公共利益的需要，征收国有土地上单位、个人的房屋，应当对被征收房屋所有权人（以下称被征收人）给予公平补偿。

《国有土地上房屋征收评估办法》

第十一条 被征收房屋价值是指被征收房屋及其占用范围内的土地使用权在正常交易情况下，由熟悉情况的交易双方以公平交易方式在评估时点自愿进行交易的金额，但不考虑被征收房屋租赁、抵押、查封等因素的影响。

前款所述不考虑租赁因素的影响，是指评估被征收房屋无租约限制的价值；不考虑抵押、查封因素的影响，是指评估价值中不扣除被征收房屋已抵押担保的债权数额、拖欠的建设工程价款和其他法定优先受偿款。

专家解析

房地产价值，是“被征收房屋及其占用范围内的土地使用权价值”。土地使用权价值有出让土地价值、转让土地价值、划拨土地价值。不论哪种土地使用权价值，都是要求在正常情况下，双方熟悉交易，并以公平方式交易，在估价时间一致情况且在自愿交易情况下的价值。其中“无租约限制”是指被征收房屋不受租赁因素影响。对房地产价值的评估不予考虑租赁的影响，房屋抵押、查封等因素在评估中不予考虑。

111. 房屋征收部门对在确定的签约期限内达不成补偿协议的该怎么办?

案例场景

为加快城市化进程，提高居民的生活质量，H 市政府打算将本市的一处棚户区进行改造。当地居民得知这一消息都非常高兴，绝大多数人都非常配合，起初征收工作十分顺利。但是，却有极少数人因不满补偿款的数额问题，迟迟不能达成协议。那么，房屋征收部门对在确定的期限内达不成补偿协议的该怎么办呢?

依法分析

根据我国《国有土地上房屋征收与补偿条例》第二十六条第一款的有关规定，房屋征收部门与被征收人在征收补偿方案确定的签约期限内达不成补偿协议，由房屋征收部门报请作出房屋征收决定的市级、县级人民政府依照本条例的规定，按照征收补偿方案作出补偿决定，并在房屋征收范围内予以公告。具体到案例中，在征收补偿方案确定的签约期限内，经过多次协商，都未能与少数被征收人达成补偿协议，房屋征收部门可以报请该市政府，由政府按照征收补偿方案作出补偿决定，并在房屋征收范围内予以公告。

法律条文

《国有土地上房屋征收与补偿条例》

第二十六条第一款 房屋征收部门与被征收人在征收补偿方案确定的签约期限内达不成补偿协议，或者被征收房屋所有权人不明确的，由房屋征收部门报请作出房屋征收决定的市、县级人民政府依照本条例的规定，按照征收补偿方案作出补偿决定，并在房屋征收范围内予以公告。

专家解析

征收补偿决定适用的情形有两种：一种情形是房屋征收部门与被征收人在规定的期限内未能达成补偿协议，另一种情形是被征收房屋所有权人不明。补偿决定由征收部门申报，由市、县级人民政府按照征收补偿方案作出决定并公告。只是，市、县级人民政府在收到征收部门的申请报告后，应当听取被征收人的意见，必要时可采取听证会的方式听取各方的意见。

112. 所有的征收补偿协议都必须以书面形式签订吗？

案例场景

李某老家的房屋被当地市政府部门依法征收，该政府部门出台了房屋的征收补偿方案，李某对该方案表示赞同。但是，该市政府部门要求李某前去签订房屋补偿协议时，其因人在外地有事去不了，打算就此事签订口头协议。那么，李某的做法可行吗？所有的征收补偿协议都必须以书面的形式签订吗？

依法分析

根据我国《合同法》第十条的规定："当事人订立合同，有书面形式、口头形式和其他形式。法律、行政法规规定采用书面形式的，应当采用书面形式。当事人约定采用书面形式的，应当采用书面形式。"可见，口头协议也是合同形式中一种表现形式。但是，根据我国《国有土地上房屋征收与补偿条例》第二十五条第一款的规定，房屋征收部门与被征收人依照本条例的规定，就征收补偿事项订立补偿协议。因此，如果房屋征收双方在征收补偿方案确定的签约期限内能够达成协议，应当订立书面的补偿协议。

法律条文

《中华人民共和国合同法》

第十条 当事人订立合同，有书面形式、口头形式和其他形式。

法律、行政法规规定采用书面形式的，应当采用书面形式。当事人约定采用书面形式的，应当采用书面形式。

《国有土地上房屋征收与补偿条例》

第二十五条第一款 房屋征收部门与被征收人依照本条例的规定，就补偿方式、补偿金额和支付期限、用于产权调换房屋的地点和面积、搬迁费、临时安置费或者周转用房、停产停业损失、搬迁期限、过渡方式和过渡期限等事项，订立补偿协议。

专家解析

房屋征收部门与被征收人就征收有关事项达成协议的，应该订立补偿协议，这有利于保护被征收人的利益。但需要注意的是这些项目中有一些是共性项目，如补偿方式、补偿金额和支付期限、用于产权调换房屋的地点和面积、搬迁费、临时安置费或者周转用房、搬迁期限、过渡方式和过渡期限等事项；有一些是个性项目，如停产停业损失。

113. 应该由谁来承担房屋因征收所产生的评估、鉴定费用？

案例场景

2017年6月，某市桥西区的一处棚户区被依法改造，市政府依据法律规定办理了该小区的相关征收手续。后经市政府和当地居民协商选定了一家房屋评估机构，对该改造地区的房屋进行评估。那么，因征收所产生的房屋评估、鉴定费用应该由谁来承担呢？

依法分析

根据《国有土地上房屋征收评估办法》第三十一条规定，房屋征收评估、鉴定费用由委托人承担,但鉴定改变原评估结果的,鉴定费用由原房地产价格评估机构承担。复核评估费用由原房地产价格评估机构承担。由此可知,本案中,房屋征收评估、鉴定费用由委托人承担,即房屋征收评估的费用由房屋征收部门承担,鉴定费用由进行委托的房屋征收当事人承担,但鉴定改变原评估结果的,鉴定费用由原房地产价格评估机构承担,复核评估费用由原房地产价格评估机构承担。

法律条文

《国有土地上房屋征收与补偿条例》

第十九条第二款 对评估确定的被征收房屋价值有异议的,可以向房地产价格评估机构申请复核评估。对复核结果有异议的,可以向房地产价格评估专家委员会申请鉴定。

《国有土地上房屋征收评估办法》

第三十一条 房屋征收评估、鉴定费用由委托人承担。但鉴定改变原评估结果的,鉴定费用由原房地产价格评估机构承担。复核评估费用由原房地产价格评估机构承担。房屋征收评估、鉴定费用按照政府价格主管部门规定的收费标准执行。

专家解析

征收人或者被征收人对征收房屋的价值有异议的可以申请复核或者鉴定。需要注意的是,享受该项权利的并不仅仅是被征收人,房屋征收部门对评估结果有异议的,也可以申请复核及鉴定。一般情况下,评估、鉴定费由委托方承担,但鉴定改变原评估结果的,那么鉴定费则由原房地产价格评估机构承担,复核评估费也由原房地产价格评估机构承担。

114. 被征收人在领取征收补偿后需要承担哪些义务？

案例场景

2017 年 4 月，乔某居住的小区被当地政府部门依法改造，乔某与该政府部门签订了相关的征收补偿协议，并领取了相应的补偿款。那么，此时乔某还需要履行哪些义务呢？即被征收人在领取征收补偿后还需要履行哪些义务呢？

依法分析

我国《国有土地上房屋征收与补偿条例》第二十七条第一款、第二款规定："实施房屋征收应当先补偿、后搬迁。作出房屋征收决定的市、县级人民政府对被征收人给予补偿后，被征收人应当在补偿协议约定或者补偿决定确定的搬迁期限内完成搬迁。"由此可见，被征收人得到补偿后，需要履行一定的义务：1. 在补偿协议约定的期限内完成搬迁；2. 及时提供被征收房屋的产权证书、营业执照等相关法律文件；3. 积极配合完成其他征收搬迁工作。

法律条文

《国有土地上房屋征收与补偿条例》

第二十七条第一款、第二款 实施房屋征收应当先补偿、后搬迁。

作出房屋征收决定的市、县级人民政府对被征收人给予补偿后，被征收人应当在补偿协议约定或者补偿决定确定的搬迁期限内完成搬迁。

专家解析

搬迁的前提是“先补偿、后搬迁”，也就是说在征收补偿款没有到位之前，被征收人是有权拒绝搬迁的。但是，当被征收人领取征收补偿款后，就应该在补偿协议约定或者补偿决定确定的搬迁期限内完成搬迁。

115. 房屋征收补偿的范围包括商户停业停产的损失吗?

案例场景

李某在某市经营服装生意，2017 年 9 月，当地市政府因市政规划需要决定对李某的门市进行征收。很快，该市政府出台了相关的补偿政策，里面包含了李某因房屋征收而停业的损失。那么，房屋征收补偿范围包括商户停产停业的损失吗?

依法分析

《国有土地上房屋征收与补偿条例》第十七条明确规定因征收房屋造成的停产停业损失的补偿属于补偿范围。该法第二十三条还规定，对因征收房屋造成停产停业损失的补偿，根据房屋被征收前的效益、停产停业期限等因素确定。具体办法由省、自治区、直辖市制定。由此可见，本案中，市政府对李某商铺的征收补偿包括停产停业的损失。

法律条文

《国有土地上房屋征收与补偿条例》

第十七条　作出房屋征收决定的市、县级人民政府对被征收人给予的补偿包括：

（一）被征收房屋价值的补偿；

（二）因征收房屋造成的搬迁、临时安置的补偿；

（三）因征收房屋造成的停产停业损失的补偿。

市、县级人民政府应当制定补助和奖励办法，对被征收人给予补助和奖励。

第二十三条 对因征收房屋造成停产停业损失的补偿，根据房屋被征收前的效益、停产停业期限等因素确定。具体办法由省、自治区、直辖市制定。

专家解析

征收人给予被征收人的补偿包括被征收房屋价值的补偿和因征收房屋造成的搬迁、临时安置的补偿及因征收房屋造成的停产停业损失的补偿。停产停业损失的确定，应具体考虑房屋被征收前的收益、停产停业的期限等因素。

116. 个人住宅被征收后，符合住房保障条件的，能否优先享受住房保障？

案例场景

2017 年 10 月，某市根据城市发展规划，决定在市内建设一中心公园。该市政府房屋征收部门依法拟订了房屋征收补偿方案，并征求了公众意见，最终作出了房屋征收决定并予以公告。该项目被征收的房屋大多是个人住宅，只是对被征收的房屋是个人住宅的居民，会优先给予住房保障吗？

依法分析

根据《国有土地上房屋征收与补偿条例》第十八条之规定："征收个人住宅,被征收人符合住房保障条件的,作出房屋征收决定的市、县级人民政府应当优先给予住房保障。具体办法由省、自治区、直辖市制定。"由此可见,本案中,对个人住宅被征收的居民,如果符合住房保障条件的就可以优先得到住房保障,不用等待轮候保障房。我国《物权法》中也有相关规定,该法第四十二条第三款规定:"征收单位、个人的房屋及其他不动产,应当依法给予拆迁补偿,维护被征收人的合法权益;征收个人住宅的,还应当保障被征收人的居住条件。"

法律条文

《国有土地上房屋征收与补偿条例》

第十八条 征收个人住宅,被征收人符合住房保障条件的,作出房屋征收决定的市、县级人民政府应当优先给予住房保障。具体办法由省、自治区、直辖市制定。

《中华人民共和国物权法》

第四十二条第三款 征收单位、个人的房屋及其他不动产,应当依法给予拆迁补偿,维护被征收人的合法权益;征收个人住宅的,还应当保障被征收人的居住条件。

专家解析

《国有土地上房屋征收与补偿条例》第十八条规定的是困难户的安置问题,该条彰显了立法机关对弱势群体的关注。个人住宅被征收后,如果被征收人符合住房保障条件的,作出房屋征收决定的市、县级人民政府应当优先给予住房保障。在具体操作时，要优先安排被征收人享受住房保障，使其不再等待轮候保障房。但是，被征收人优先享受住房保障的前提是，被征收人必须符合住房保障条件。

117. 以按揭贷款方式购房的，违约金是以已付房款为赔偿标准吗？

案例场景

俞某与家佳房地产开发公司签订了商品房预售合同，约定俞某购买商品房一套，共计 80 平方米，总价款 50 万元，交房日期为 2017 年 1 月 1 日。如果逾期交房，每过期一日按照累计已付房款的 2‰支付违约金，逾期 1 年交房的，购房者有权解除合同。合同签订后，俞某支付了 25 万元的首付款，并办理了工商银行 10 年期 25 万元的按揭贷款。2017 年 1 月 1 日，房地产开发公司没有交付房产，一直到 2017 年 12 月 15 日才通知俞某领取书面交付通知书、房屋钥匙及逾期交房的违约金。俞某领取房地产开发公司给付的违约金时发现，违约金不是按照房屋总价款计算的，遂提出异议。房地产开发公司表示当时合同中约定的是“累计已付房款”的数额，不是总房款。那么，逾期交房的违约金应该按照什么标准计算呢？

依法分析

房地产公司应按总房款的 2‰向俞某支付违约金。根据《合同法》第一百零七条规定，当事人一方不履行合同或者履行合同义务不符合约定的,应当承担继续履行、采取补救措施或者赔偿损失等违约责任。本案中,房地产公司未按合同约定的时间向俞某交付房屋,已经构成违约,应当承担违约责任。按照双方的约定,以买受人累计已付房款的2‰向买受人支付违约金。虽然该房款部分为银行贷款,但开发商实际上已经得到合同约定的全部房款,所以,房地产公司应按照全部房款向俞某支付违约金。

法律条文

《中华人民共和国合同法》

第一百零七条 当事人一方不履行合同义务或者履行合同义务不符合约定的,应当承担继续履行、采取补救措施或者赔偿损失等违约责任。

第一百一十四条第一款 当事人可以约定一方违约时应当根据违约情况向对方支付一定数额的违约金,也可以约定因违约产生的损失赔偿额的计算方法。

专家解析

《合同法》第一百零七条规定了违约的基本形态和承担违约责任的种类。现实中违约形态表现多样,本条将违约形态按照是否履行与履行状况分为两类:一类为不履行合同,另一类是履行合同义务不符合约定即履行不当。不管什么状态的违约,都要承担违约责任,责任承担方式有继续履行、采取补救措施或者赔偿损失等。

违约金是指按照当事人的约定或者法律直接规定,一方当事人因违约而向另一方支付的金钱或其他财物。违约金可以看成一种附条件合同,只有在一方出现违约行为时,违约金合同才生效，否则不生效。《合同法》第一百一十四条第一款的规定是关于约定违约金的。双方当事人可以约定违约金及违约金的计算方式。

118. 开发商隐瞒商品房产权性质的应承担怎样的赔偿责任？

案例场景

李某看中一城中村正在建设的商品房，遂到售楼处询问该房屋信息。开发商表示该商品房已经得到相关部门批准，届时保证发放房屋所有权证和国有土地使用证。李某遂与开发商签订房屋预售合同，约定其购买商品房一套，面积为 100 平方米，价款为 50 万元，一次性缴纳房款，房屋于2014 年1 月5 日交付使用。合同签订后，李某发现没有约定权属证明办理事项，遂询问相关事宜，开发商表示交房后半年内一定办理产权证。李某当即交付 50 万元购房款。2014 年 1 月 5 日房屋如期交付，李某装修后搬入该房居住，听邻居说开发商在城中村建房并没有得到相关部门审批，没有国家的土地使用证和预售许可证。其找到相关部门询问，得到的答复与邻居所述一致。李某找到开发商要求解除购房合同并赔偿损失。那么，其可以要求开发商怎样进行赔偿？

依法分析

李某可以要求开发商返还房款及利息，并可以要求开发商承担不超过已付房款一倍的赔偿责任。根据《最高人民法院关于审理商品房买卖合同纠纷案件适用法律若干问题的解释》第九条的规定，出卖人订立商品房买卖合同时故意隐瞒没有取得商品房预售许可证明的事实或者提供虚假商品房预售许可证明，导致合同无效或者被撤销、解除的，买受人可以请求返还已付购房款及利息、赔偿损失，并可以请求出卖人承担不超过已付购房款一倍的赔偿责任。但是，赔偿金作为对出卖人的惩罚性赔偿，不在于弥补买方的实际损失，而在于对其恶意违约的惩罚。由于房产本身价格很高，统一适用双倍赔偿则惩罚过于严重。所以，对于出卖人的恶意程度、买受人的损失大小应结合具体案情来裁量，而不能一概以双倍赔偿论之。

法律条文

《中华人民共和国合同法》

第一百一十四条 当事人可以约定一方违约时应当根据违约情况向对方支付一定数额的违约金，也可以约定因违约产生的损失赔偿额的计算方法。

约定的违约金低于造成的损失的，当事人可以请求人民法院或者仲裁机构予以增加；约定的违约金过分高于造成的损失的，当事人可以请求人民法院或者仲裁机构予以适当减少。

当事人就迟延履行约定违约金的，违约方支付违约金后，还应当履行债务。

《最高人民法院关于审理商品房买卖合同纠纷案件适用法律若干问题的解释》

第九条 出卖人订立商品房买卖合同时，具有下列情形之一，导致合同无效或者被撤销、解除的，买受人可以请求返还已付购房款及利息、赔偿损失，并可以请求出卖人承担不超过已付购房款一倍的赔偿责任：

（一）故意隐瞒没有取得商品房预售许可证明的事实或者提供虚假商品房预售许可证明；

……

专家解析

《合同法》第一百一十四条规定的是违约金制度。本条第一款是约定违约金，即当事人在合同中或合同订立后，约定一方违约应当向另一方支付一定金额的违约金。这一款还规定了当事人可以约定违约金赔偿金额，即损害赔偿金。约定违约金与损害赔偿金常常可以互相替代。本条第二款涉及违约金条款的效力问题。当法院对约定的违约金进行干预并进行增减时，约定的违约责任条款失效。本条第三款规定的是两种违约责任形式：违约金与继续履行并用的情况。《最高人民法院关于审理商品房买卖合同纠纷案件适用法律若干问题的解释》第九条规定的是缔约过失责任问题，房屋只有在有国有土地使用证和预售许可证的情况下才可以进行出售，否则不能出售，不能办理房屋权属手续，这是对购房者知情权的保护。

第六章　物业服务法律知识

119. 物业服务收费需要明码标价吗？标准是什么？

案例场景

谭某大学毕业后，没有像别的同学一样去工作，而是选择了自主创业，后来生意做得也算是风生水起。父母渐渐年纪大了，谭某想着把老人接到身边方便照顾，就在市郊买了一栋别墅。之所以选择买这栋房子，完全是被其交通车免费接送业主的承诺打动。入住后，谭某才发现自己缴纳的物业费里包括交通服务费，而物业费明码标价公示时并没有这一项。他找到物业公司询问其原因，物业公司的答复是交通服务费是按照公交公司的收费规定执行的，没有公示的必要。物业公司的说法正确吗？物业服务收费明码标价的标准是什么？

依法分析

物业服务收费明码标价是提高物业服务收费透明度、维护业主知情权的重要方式，我国《物业服务收费明码标价规定》规定物业管理企业要对服务项目、收费标准等有关情况实行明码标价。同时，该法第五条对明码标价的标准作出了严格限定，要求物业管理企业实行明码标价应当做到价目齐全，内容真实，标示醒目，字迹清晰。本案中的物业服务公司以交通服务费收费标准按照公交公司的收费规定为由不进行明码标价显然是不对的，不符合《物业服务收费明码标价规定》的规定。

法律条文

《物业服务收费明码标价规定》

第五条 物业管理企业实行明码标价应当做到价目齐全，内容真实，标示醒目，字迹清晰。

专家解析

物业费又称为物业管理服务费，由物业管理企业按物业管理服务合同约定的期限向业主收取。物业服务费用由物业产权人自办理入住手续之日起按月缴纳。经双方协商可预收物业服务费。物业管理服务收费应当遵循合理、公开及与物业产权人、使用人的承受能力相适应的原则。物业管理企业对所收费用应当实行明码标价，明码标价应当做到价目齐全，内容真实，标示醒目，字迹清晰。

120. 物业服务费用价格升高时，物业公司应该提前多长时间进行公示？

案例场景

小区公示栏提醒到了交物业服务费的时间，张某在规定时间来到物业公司缴纳物业服务费时发现物业公司将物业收费标准提升了 20%。张某询问原因，工作人员称随着物价水平和人员工资等费用的上涨，物业公司临时决定将物业收费标准提高了，收费标准三天前就已经公示了。张某十分纳闷儿，物业公司对于所标示的服务费用价格升高，提前三天公示符合法律规定吗？

依法分析

物业服务企业的物业服务收费可以在当地规定的基准收费标准浮动幅度范围内进行适当调整，但是需提前进行公示。关于公示时间，我国《物业服务收费明码标价规定》第十条规定，实行明码标价的物业服务收费的标准等发生变化时，物业管理企业应当在执行新标准前一个月，将所标示的相关内容进行调整，并应标示新标准开始实行的日期。所以本案中，物业服务公司临时决定对小区物业费进行上调，提前三天公示不符合法律规定，应在执行新标准的前一个月，在物业服务收费明码标价的公示栏处进行公示，并标明所调整的内容及新标准开始实行时间，方便业主及时收悉。

法律条文

《物业服务收费明码标价规定》

第十条 实行明码标价的物业服务收费的标准等发生变化时，物业管理企业应当在执行新标准前一个月，将所标示的相关内容进行调整，并应标示新标准开始实行的日期。

专家解析

物业公司应遵守相关的法律规定和物业管理服务合同约定，正确履行物业管理职责，依照合同约定提供服务，收取费用。如果需要改变服务项目、收费标准，应与业主充分协商。小区成立业主委员会的，应与业主委员会充分协商，达成一致后方可进行。不得单方面改变物业管理合同条款，更无权擅自提高物业管理费，否则要承担相应的违约责任，业主也有权拒绝缴纳增加的物业管理费。

121. 业主与物业管理企业可以采取什么形式约定物业服务费？

案例场景

王某大学毕业后，选择前往上海发展。经过几年的努力和打拼，王某终于从租房度日变成了有房一族。买了房子，面临的直接问题就是物业服务费采取何种方式缴纳。为此，王某来到小区的物业管理公司询问物业费缴纳的情况。物业公司的工作人员告知王某物业服务收费标准按产权面积计收，可按季收取也可按月收取。王某想知道物业费的收取还有别的方式吗？

依法分析

根据《物业服务收费管理办法》第九条的规定，物业服务费用的约定方式有两种——酬金制和包干制。案例中的收费方式为包干制收费，目前使用较普遍。所谓包干制，《物业服务收费管理办法》第九条、第十一条第一款、第二款进行了明确解释，即业主向物业管理企业支付固定物业服务费用，盈余或者亏损均由物业管理企业享有或者承担的物业服务计费方式，其费用构成包括物业服务成本、法定税费和物业管理企业的利润。而酬金制则是人们通常所说的业主AA制，小区的物业维护资金不再由物业管理企业把握，而由全体业主选出的常设机构业委会代管。酬金制目前在我国内地使用不太广泛，制度运行基础比较薄弱，本案中的王某所在小区的物业公司以包干制约定计费形式较为适宜。

法律条文

《物业服务收费管理办法》

第九条 业主与物业管理企业可以采取包干制或者酬金制等形式约定物业服务费用。

包干制是指由业主向物业管理企业支付固定物业服务费用，盈余或者亏损均由物业管理企业享有或者承担的物业服务计费方式。

酬金制是指在预收的物业服务资金中按约定比例或者约定数额提取酬金支付给物业管理企业，其余全部用于物业服务合同约定的支出，结余或者不足均由业主享有或者承担的物业服务计费方式。

第十一条第一款、第二款 实行物业服务费用包干制的，物业服务费用的构成包括物业服务成本、法定税费和物业管理企业的利润。

实行物业服务费用酬金制的，预收的物业服务资金包括物业服务支出和物业管理企业的酬金。

专家解析

作为相对简单便捷的收费方式，包干制方便了物业管理企业的同时，也造成了物业管理交易的不透明性。在包干制下，物业管理企业按物业服务合同约定提供物业服务，对应收的物业服务费用拥有所有权，可以自行支配，业主及业委会无权检查其使用情况，这样容易造成双方信任感不强。同样，包干制的成本意识，也容易促使物业管理企业采用降低服务质量或减少服务类型等不正当手段压缩费用和成本，以此谋取更多利润。现实中，物业管理企业和业主双方的矛盾点多集中于此，而对物业管理企业（尤其是住宅型物业管理企业）最大的负面报道也多在于此，这也是酬金制日前备受推崇的主要原因。

122. 物业公司上门代收暖气费向业主收取手续费的，符合法律规定吗？

案例场景

李某进城做生意后，财富不断积累，后来在城里买了房子，举家搬进城里，过上了城市生活。李某之所以买现在居住小区的房子，就是看重了该小区的物业服务。无论是绿化、卫生、安保，该物业公司都管理得井井有条，深受业主们的信任。而该物业公司唯一令李某不满意的是物业公司每到冬天会代热力公司收取暖气费，并且还声称是额外服务，要求业主缴纳手续费。李某深感不解，物业公司的做法符合规定吗？

依法分析

根据《物业服务收费管理办法》第十七条的规定：“物业管理区域内，供水、供电、供气、供热、通讯、有线电视等单位应当向最终用户收取有关费用。物业管理企业接受委托代收上述费用的，可向委托单位收取手续费，不得向业主收取手续费等额外费用。”显然，李某所在小区的物业上门代收暖气费后，向业主索要手续费是不符合规定的。物业公司没有义务代热力公司收取费用，如果物业公司与相关热力公司签订委托协议，受托代收相关费用的，可以向相关热力部门收取合理的手续费，而不应当向业主收取手续费。

法律条文

《物业服务收费管理办法》

第十七条 物业管理区域内，供水、供电、供气、供热、通讯、有线电视等单位应当向最终用户收取有关费用。物业管理企业接受委托代收上述费用的，可向委托单位收取手续费，不得向业主收取手续费等额外费用。

专家解析

物业费主要包括管理服务人员的工资、物业管理区域清洁卫生费用、绿化养护费用、共用设施设备的日常运行、维护费用等。物业公司收取物业费的依据是物业合同，即物业公司和业主签订的服务管理合同，如果业主不交，就违反了物业合同，物业公司可以起诉业主。而供水、供电、供气、供热、通讯、有线电视等产生的费用不属于物业费用，物业公司代收取暖费、水电费等依据的是其与热力公司、电力公司等单位签订的委托代收协议，两者是不同的法律关系。物业公司没有义务收取取暖费、水电费等，因此，因收取这些费用而产生的实际支出不应该由业主承担。

123. 物业公司将维修电梯的费用列入物业服务费合法吗?

案例场景

刘某因嫌自己现在居住的小区物业服务不完善,就在本市新开盘的某小区买了一栋新房子,位于15楼。新家环境优美,站在窗前眺望远方视野十分开阔,上下楼有电梯,比老房子方便多了。但是入住的第2年,刘某就遇到了糟心事。原来,小区的电梯需要时常检修,检修就需要费用。为此,物业公司在第2次收取物业服务费的时候,就提前公示称物业服务费中要增加一项共用部位、共同设施的重大检修费(如电梯检修费)。刘某想知道,物业公司的做法有法律依据吗?

依法分析

将电梯等公用设施设备的检修费列入物业服务支出的做法是不合法的。《物业服务收费管理办法》第十一条第四款明确规定,物业共用部位、共用设施设备的大修、中修和更新、改造费用,应当通过专项维修资金予以列支,不得计入物业服务支出或者物业服务成本。而物业公司作为提供物业服务的经营者,根据《消费者权益保护法》第十六条的规定,双方当事人的约定不得违背法律、法规的规定。因此,案例中,物业公司将电梯等公用设施设备的检修费列入物业服务支出,是违反有关法律规定的。

法律条文

《物业服务收费管理办法》

第十一条第四款 物业共用部位、共用设施设备的大修、中修和更新、改造费用，应当通过专项维修资金予以列支，不得计入物业服务支出或者物业服务成本。

《中华人民共和国消费者权益保护法》

第十六条 经营者向消费者提供商品或者服务，应当依照本法和其他有关法律、法规的规定履行义务。

经营者和消费者有约定的，应当按照约定履行义务，但双方的约定不得违背法律、法规的规定。

……

专家解析

一般情况下，物业管理费中包含了电梯使用、维护的费用，但不包含电梯更换、大修的费用。例检属于电梯售后服务的一项内容，不应收取费用。物业公司要求业主缴纳电梯使用、维修和例检费用，应出示物价局核准的收费标准依据。所有物业公司收取物业费的标准，都需要向当地物价局申报备案，经物价局批准方可收取。如果物业公司无法提供相应证明，业主可以拒绝缴纳该费用。

124. 只有取得房产证，才可以行使业主权利吗？

案例场景

林某大学毕业后，留在了读大学的城市工作。后来她靠自己的努力，按揭买了房子，告别了租房度日的生活。但是由于开发商欠缴有关土地出让金，导致林某无法及时办理房产证。入住后的第2年，物业公司未经公示就擅自提高了物业服务费。因此，林某到物业公司询问，双方一言不合就发生了矛盾。最后，物业公司称，林某没有取得房产证不是小区的业主，无权行使业主权利。林某想知道自己到底是不是该小区的业主？

依法分析

物业公司的说法是不正确的，林某是该小区的业主。在现实生活中，基于与建设单位之间的商品房买卖民事法律行为，房屋购买人在已经合法占有使用专有部分的情况下，仍未依法办理所有权登记的情形大量存在。在此情况下，如果仅以是否已经依法登记取得所有权为界定业主身份的标准，将与现实生活产生冲突，并有可能对前述人群应当享有的权利造成损害。根据《最高人民法院关于审理物业服务纠纷案件具体应用法律若干问题的解释》第十二条的规定，因物业的承租人、借用人或者其他物业使用人实施违反物业服务合同，以及法律、法规或者管理规约的行为引起的物业服务纠纷，人民法院应当参照本解释关于业主的规定处理。可见，林某即使没有取得房产证，也可以行使业主权利。

法律条文

《最高人民法院关于审理物业服务纠纷案件具体应用法律若干问题的解释》

第十二条 因物业的承租人、借用人或者其他物业使用人实施违反物业服务合同，以及法律、法规或者管理规约的行为引起的物业服务纠纷，人民法院应当参照本解释关于业主的规定处理。

专家解析

依法登记取得或者依据生效法律文书、继承或者受遗赠，以及合法建造房屋等事实行为取得专有部分所有权的人，应当认定为业主。基于与建设单位之间的商品房买卖民事法律行为，已经合法占有建筑物专有部分，但尚未依法办理所有权登记的人，也可以认定为业主。因此，只要通过买卖等合法方式取得所有权的，暂时没有房产证，也是法律上的“业主”。可以行使业主的权利，履行业主的义务。

125. 物业公司有权将物业管理用房租出去吗？

案例场景

小鹏所居住的小区属于高档小区，一直以高端、安静著称。但是今年年初，该小区的物业服务公司未经业主委员会同意将其使用的部分房屋出租给一商贩使用。该商贩装卸和运送货物时经常阻塞小区的交通，各种包装纸扔得满地都是，使高档小区也不高档了。其间，小区业主委员会几次找到物业服务公司交涉称物业公司私自将房屋出租给商贩的行为是违法的。但物业公司认为出租的是自己的办公用房，小区业主无权干涉。那么，物业公司可以将其物业管理用房出租使用吗？

依法分析

物业公司是向业主提供服务的，应该严格按照合同约定的内容做好服务工作。根据《物业管理条例》第三十七条和第六十二条的规定，物业管理用房的所有权依法属于业主。未经业主大会同意，物业服务企业不得改变物业管理用房的用途。物业服务企业擅自改变物业管理用房的用途的，由县级以上地方人民政府房地产行政主管部门责令限期改正，给予警告，并处 1 万元以上 10 万元以下的罚款；有收益的，所得收益用于物业管理区域内物业共用部位、共用设施设备的维修、养护，剩余部分按照业主大会的决定使用。本案中，小区的物业管理用房属业主所有，没经过业主大会的同意物业无权将房屋租出去，房屋应尽快收回，其收益应归还业主。

法律条文

《物业管理条例》

第三十七条 物业管理用房的所有权依法属于业主。未经业主大会同意，物业服务企业不得改变物业管理用房的用途。

第六十二条 违反本条例的规定，未经业主大会同意，物业服务企业擅自改变物业管理用房的用途的，由县级以上地方人民政府房地产行政主管部门责令限期改正，给予警告，并处 1 万元以上 10 万元以下的罚款；有收益的，所得收益用于物业管理区域内物业共用部位、共用设施设备的维修、养护，剩余部分按照业主大会的决定使用。

专家解析

物业管理用房的所有权依法属于业主，物业公司未经业主大会同意，不能改变物业管理用房的用途，更不能将物业管理用房出租给他人谋取利益。因为物业管理用房的所有权是全体业主的，物业公司只能使用而不能处置。如果要出租，也要经业主大会表决通过才行，并且出租的收益应归全体业主所有，物业公司不能占用。

126. 物业公司可以将物业管理区域内的管理工作全部委托出去吗？

案例场景

蒋某大学毕业留在了城里工作，事业小有成就时，在城里买了一套房子，把老人接到城里安享晚年。蒋某给父母买房子的时候，也是煞费苦心，挑了一个卫生、环境、安保都管理很到位的小区。但是，某日他去探望父母的时候，发现该小区服务质量大不如从前，服务水平特别差。一打听才知道，原来与小区业主委员会签订管理服务合同的物业公司为了得到更大的利益，将小区的全部管理工作一并委托给了一个不专业的小公司。蒋某想知道，物业公司可以将物业管理区域内的管理工作全部委托出去吗？

依法分析

与业主委员会签订物业管理服务合同的是物业公司，物业公司是实施物业服务的主体，根据《物业管理条例》第三十九条和第五十九条的规定，物业服务企业可以将物业管理区域内的专项服务业务委托给专业性服务企业，但不得将该区域内的全部物业管理一并委托给他人；物业服务企业将一个物业管理区域内的全部物业管理一并委托给他人的，由县级以上地方人民政府房地产行政主管部门责令限期改正，处委托合同价款30%以上50%以下的罚款；委托所得收益，用于物业管理区域内物业共用部位、共用设施设备的维修、养护，剩余部分按照业主大会的决定使用；给业主造成损失的，依法承担赔偿责任。本案中，该物业公司将全部管理工作委托给不专业的公司以赚取更多的利润，这种行为是不合法的，应立即改正。

法律条文

《物业管理条例》

第三十九条 物业服务企业可以将物业管理区域内的专项服务业务委托给专业性服务企业，但不得将该区域内的全部物业管理一并委托给他人。

第五十九条 违反本条例的规定，物业服务企业将一个物业管理区域内的全部物业管理一并委托给他人的，由县级以上地方人民政府房地产行政主管部门责令限期改正，处委托合同价款30%以上50%以下的罚款。委托所得收益，用于物业管理区域内物业共用部位、共用设施设备的维修、养护，剩余部分按照业主大会的决定使用；给业主造成损失的，依法承担赔偿责任。

专家解析

在物业管理关系中，物业服务企业是受托人，接受全体业主的委托从事物业管理活动。一般情况下，物业服务企业应亲自进行物业管理。但由于物业管理服务活动内容广泛、项目众多，有些事务如消防管理、绿化养护、安全保卫、电梯维修养护等专业性较强，要求物业服务企业全部擅长、完全胜任在事实上难以做到，因此，物业服务企业可以将物业管理区域内的专项服务业务委托给其他专业性服务公司。专项服务的转委托无须取得业主大会或业主委员会的同意，可以由物业服务企业自行决定。但转委托合同的内容不得与原物业服务合同的内容相抵触，专业服务企业的受托权限不得超出物业服务企业的受托权限。在转委托合同关系中，业主与专业服务企业之间不存在合同关系，物业服务企业是专业服务企业的委托人，物业服务企业就专业服务企业的服务向业主负责。

127. 业主可以擅自对房屋结构进行改变吗？

案例场景

赵女士手中有了闲钱，就在某小区买了一处房产等待升值。后来，赵女士觉得房子闲置很可惜，就在不影响房屋功能的基础上隔成了四个单间，出租给了四个单身男女。但是小区物业公司认为赵女士把房子隔成单间对外出租没有经过他们同意，影响了他们对小区的管理，要求其把房子恢复原状后再对外出租。赵女士十分纳闷儿，自己把自己房子隔成小间需要经过物业同意吗？

依法分析

赵女士有权在不影响房屋功能的基础上对房子进行改造。我国《物权法》第七十条规定，业主对建筑物内的住宅、经营性用房等专有部分享有所有权，对专有部分以外的共有部分享有共有和共同管理的权利。房屋内部属于专有部分，业主有权决定在不改变承重墙等基础上将其格局改变。物业公司是小区业主雇用的管理者，主要责任是监督，无权阻止业主们对房屋结构进行改变。

法律条文

《中华人民共和国物权法》

第七十条 业主对建筑物内的住宅、经营性用房等专有部分享有所有权，对专有部分以外的共有部分享有共有和共同管理的权利。

专家解析

业主对自己的房屋享有所有权，可以对其充分、自由地占有、使用、收益及处分。但如果此项权利与同一建筑物上其他房屋有密切关系、存在共同利益，业主在合理使用自己房屋的同时，不得侵害其他业主的利益。在对自己的房屋进行改造时，如果装修行为有可能影响建筑物的安全，业主应及时停止并进行补救。

128. 房屋出卖后，原房主还能无偿使用原小区的免费停车位吗？

案例场景

林某在家附近的高档小区买了一套住房，新房子装修好以后才发现新小区的停车位需要购买才可以使用。林某心想自己老房子离新家也不远，停车位还是免费的，于是继续把车停在了原来的小区。后来，林某为了扩大生意，就把老房子卖了。但是当他再把车停在原来的小区时，该小区的物业公司告知其需缴纳停车费。林某十分疑惑，自己只是把房子的专用部分卖了，为什么不能免费使用共用部分的停车位？

依法分析

林某的说法是没有道理的。我国《物权法》第七十二条第二款规定，业主转让建筑物内的住宅、经营性用房，其对共有部分享有的共有和共同管理的权利一并转让。也就是说，如果把房子卖给了他人，那么他对该小区共有部分如楼道、电梯、停车位、地下室等共有权及共同管理权一并转让给受让人，这一点无须在售房合同中另做约定。本案中，林某把房子卖掉，停车位应视为一起卖掉了。如果他要在原小区内停车，需缴纳停车费。

法律条文

《中华人民共和国物权法》

第七十二条第二款 业主转让建筑物内的住宅、经营性用房，其对共有部分享有的共有和共同管理的权利一并转让。

专家解析

业主转让其住房的，其所享有的共有部分的共有权一并转让。也就是说在房屋转让后，相应的共有权也一并由新房主享有。这是因为共有部分的权利是附属于专有部分的权利的，专有部分的权利转移后，其附属权利也随之转移。

129. 物业服务企业针对突发的安全事故，需要采取哪些措施？

案例场景

王老太太是某小区的业主，夏天的时候家里进了几只蚊子，她就在家里找了一盘蚊香熏蚊子。刚把蚊香点着，就有邻居来叫她去打麻将。结果由于点蚊香的位置紧挨窗户，点燃了落地窗帘，引起了大火，大火迅速蔓延了整个楼层。该小区物业公司发现灾情后，采取了疏散居民、使用小区的消防器械自救、拨打急救电话以及及时向有关部门报告情况等措施。面对突发安全事故，物业公司如何做才算得当？

依法分析

火灾属于突发性的安全事故，物业公司面对这种情况应做好应急工作，保障业主的生命财产安全。根据《物业管理条例》第四十六条的规定，物业服务企业应当协助做好物业管理区域内的安全防范工作。发生安全事故时，物业服务企业在采取应急措施的同时，应当及时向有关行政管理部门报告，协助做好救助工作。物业服务企业雇请保安人员的，应当遵守国家有关规定。保安人员在维护物业管理区域内的公共秩序时，应当履行职责，不得侵害公民的合法权益。本案中，该物业公司的做法符合法律规定的正当程序，及时疏散了群众，组织了灭火行动并向有关部门报告了情况。

法律条文

《物业管理条例》

第四十六条　物业服务企业应当协助做好物业管理区域内的安全防范工作。发生安全事故时，物业服务企业在采取应急措施的同时，应当及时向有关行政管理部门报告，协助做好救助工作。

物业服务企业雇请保安人员的，应当遵守国家有关规定。保安人员在维护物业管理区域内的公共秩序时，应当履行职责，不得侵害公民的合法权益。

专家解析

发生安全事故时，物业服务企业在采取应急措施的同时，应当及时向有关行政管理部门报告，协助做好救助工作。如果面对突发事故，物业公司怠于履行以上救助义务，就是违法，应该承担相应的责任。

第七章　日常生活救助法律知识

130. 如何申请住房救助？

案例场景

张某与李某夫妻二人文化水平较低，身体也不好，没有什么经济来源，主要靠低保的钱维持生活。二人结婚后便有了孩子，由于经济困难，一家三口只能挤在一间只放得下一张单人床的屋子里。小区的邻居都劝张某去申请当地的保障房，张某夫妻二人经过考虑，觉得是个办法。那么，张某该如何申请住房救助呢？

依法分析

根据我国《社会救助暂行办法》第四十条的规定，张某的家庭申请住房救助，应当经由其所在的街道办事处向县级人民政府住房保障部门提出，或者由张某家直接向县级人民政府住房保障部门提出申请，经县级人民政府民政部门审核其家庭收入、财产状况，以及县级人民政府住房保障部门审核其家庭住房状况并公示后，符合申请条件的，由县级人民政府住房保障部门优先给予其保障。另外，若是农村家庭申请住房救助的，按照县级以上人民政府有关规定执行。

法律条文

《社会救助暂行办法》

第四十条 城镇家庭申请住房救助的，应当经由乡镇人民政府、街道办事处或者直接向县级人民政府住房保障部门提出，经县级人民政府民政部门审核家庭收入、财产状况和县级人民政府住房保障部门审核家庭住房状况并公示后，对符合申请条件的申请人，由县级人民政府住房保障部门优先给予保障。

农村家庭申请住房救助的，按照县级以上人民政府有关规定执行。

专家解析

城镇家庭申请住房救助的，应当向当地住房保障部门提出，并经有关部门对其家庭收入、财产情况、住房状况进行审核，符合法律规定的才可以申请保障房。而对于农村家庭申请住房救助的程序，法律规定由各地县级以上人民政府根据本地的实际情况予以规范并执行。

131. 住房救助待遇包括租房补助吗？

案例场景

白某是某工厂下岗职工，家庭经济非常困难。更不幸的是，白某的妻子又得了重病需要住院治疗。为了给妻子治病，白某无奈之下只能将仅有的一套房产卖给他人，而自己一家人则在租的房子里居住。白某的妻子病情越来越严重，需要的钱也越来越多，因此一家人的生活越发拮据。白某以前的一个同事得知此事后，就建议其去申请租房补助，说这是政府帮助贫困家庭住房救助的一种方式。而白某却对这种方式一点也不了解，那么，住房救助待遇包括租房补助吗?

依法分析

住房救助待遇包括租房补助。根据我国《社会救助暂行办法》第三十八条的规定，住房救助通过配租公共租赁住房、发放住房租赁补贴、农村危房改造等方式实施。在实践中，住房救助一般是根据救助对象住房实际状况、村镇总体规划、建设规划以及救助对象的意愿，采取新建、改建、扩建、修缮、置换、租用等方式实施的。救助对象就地租用闲置房或公租房的，符合当地租房补贴申请条件的，就可提出租房补贴申请。因各地实际情况差异，申请条件可能略有不同，白某可以查问一下当地申请租房补贴的具体条件，若符合就能去申请租房补贴。

法律条文

《社会救助暂行办法》

第三十八条 住房救助通过配租公共租赁住房、发放住房租赁补贴、农村危房改造等方式实施。

专家解析

住房救助通过多种形式和途径对城乡居民的住房条件予以保障，具体包括配租公共租赁房，发放租房补贴，进行农村危房改造等内容。由于城乡居民的住房要求和方式不同，政府根据具体情况设置了多种救助途径，城乡居民可以根据自己的实际情况选择申请住房救助的方式。

132. 可以将承租到的廉租房再进行转租吗?

案例场景

赵某是残疾人,长年靠政府低保维持生活,经朋友介绍得知自己符合政府的廉租房申请条件,于是便向当地住房保障部门提出申请,并按照相关规定提交了材料。当地住房保障部门经过审核,决定以实物配租的方式给予其住房保障,并与其签订了廉租住房租赁合同。但是,就在赵某即将入住的时候,远在外省打工的亲戚给赵某打电话,说在外省给赵某找了一份合适的长期工作,工资、待遇都不错,让赵某尽快去他那边上班。赵某考虑到自己经济困难,于是打算把到手的廉租房出租出去然后去外省打工,这样既能多得一份房租收入又有打工的收入,岂不是一举两得?那么,赵某能将承租到的廉租房再进行转租吗?

依法分析

《廉租住房保障办法》第二十五条规定:“城市低收入住房困难家庭不得将所承租的廉租住房转借、转租或者改变用途。城市低收入住房困难家庭违反前款规定或者有下列行为之一的,应当按照合同约定退回廉租住房:(一)无正当理由连续6个月以上未在所承租的廉租住房居住的;(二)无正当理由累计6个月以上未交纳廉租住房租金的。”本案中,赵某得到廉租房后,不但没有入住,反而要将该房转租企图收取租金,这种做法是不符合法律规定的,有关部门核实后可以根据合同约定要求赵某退回廉租住房。

法律条文

《廉租住房保障办法》

第二十五条 城市低收入住房困难家庭不得将所承租的廉租住房转借、转租或者改变用途。

城市低收入住房困难家庭违反前款规定或者有下列行为之一的，应当按照合同约定退回廉租住房：

（一）无正当理由连续6个月以上未在所承租的廉租住房居住的；

（二）无正当理由累计6个月以上未交纳廉租住房租金的。

专家解析

政府提供廉租房，是为了保障因收入低住房困难的人有一个良好的居住条件。如果其将已经承租的廉租房租借给他人或者改变用途的，表明其并不存在住房困难的状况，也就不应当享受廉租房的保障。如果承租人将该房租借或者改变用途，或者无正当理由长时间不缴纳房租的，应当依法退回廉租房。

133. 申请最低生活保障需符合哪些条件？

案例场景

老王于2017年12月正式下岗，下岗后，家里就断了经济来源。于是他就找了一份学校门卫的工作，每月工资1500元。老王的妻子是名残疾人，没有基本劳动能力，一家人就只靠着这1500元生活。现在物价越来越高，老王的儿子还要上大学，这

1500 元根本不能维持家庭的生活。后来在亲戚的建议下，老王决定申请最低生活保障。请问，老王的这种情况是否可以申请最低生活保障呢？

依法分析

根据我国《社会救助暂行办法》第九条及《最低生活保障审核审批办法(试行)》第四条的规定，持有当地常住户口的居民，凡共同生活的家庭成员人均收入低于当地低保标准，且家庭财产状况符合当地人民政府规定条件的，可以申请低保，即户籍状况、家庭收入和家庭财产是认定低保对象的三个基本要件。本案中，老王一家人只有他一个劳动力，而且每个月只有 1500 元的收入，若其共同生活的家庭成员人均收入低于所在地区的低保标准，则属于生活困难，他就可以申请最低生活保障。

法律条文

《社会救助暂行办法》

第九条 国家对共同生活的家庭成员人均收入低于当地最低生活保障标准，且符合当地最低生活保障家庭财产状况规定的家庭，给予最低生活保障。

《最低生活保障审核审批办法(试行)》

第四条 户籍状况、家庭收入和家庭财产是认定低保对象的三个基本要件。

持有当地常住户口的居民，凡共同生活的家庭成员人均收入低于当地低保标准，且家庭财产状况符合当地人民政府规定条件的，可以申请低保。

专家解析

最低生活保障条件有两个衡量标准：一是共同生活的所有家庭成员人均收入低于所在地的生活保障标准，二是符合当地最低生活保障家庭财产状况规定。家庭财产是指共同生活的家庭成员拥有的全部货币财产和实物财产，包括现金、存款、有价证券、商业保险等。这些家庭财产总和不能超过当地最低生活保障标准才算符合此条件。想要领取最低生活保障必须同时满足以上两个条件，缺一不可。

134. 低保户在低保被批准后会一直享受低保吗？

案例场景

赵某与钱某是表兄弟，平时二人关系不错，在赵某的带动下，两人合资买了一辆货车跑运输工作，司机由二人轮流充当。一天，赵某在开车时打了个盹儿，不幸发生了交通事故，致使副驾驶的钱某被严重撞伤。考虑到和赵某的关系，钱某的医药费没有让赵某负担，全由自己出。因此，钱某多年的积蓄也全部花光，全家人只能靠妻子打工每月挣的1000元钱生活，日子过得非常困难。当地的村委会了解到钱某家的情况后，就为其办理了最低生活保障。几年后，钱某的身体也慢慢好转，在亲朋好友的帮助下，夫妻二人开了一家小卖部，生意还算不错，每月均收入也能达到4000元。那么，像这种情况，钱某一家还能一直享受低保吗？

依法分析

钱某一家不可以一直享受低保待遇。我国《社会救助暂行办法》第十三条规定,最低生活保障家庭的人口状况、收入状况、财产状况发生变化的,应当及时告知乡镇人民政府、街道办事处。县级人民政府民政部门以及乡镇人民政府、街道办事处应当对获得最低生活保障家庭的人口状况、收入状况、财产状况定期核查。最低生活保障家庭的人口状况、收入状况、财产状况发生变化的,县级人民政府民政部门应当及时决定增发、减发或者停发最低生活保障金;决定停发最低生活保障金的,应当书面说明理由。本案中,钱某一家现在每月收入 4000 元,收入状况发生了明显好转,他应该及时告知乡镇人民政府。由县级人民政府民政部门决定是否要停发钱某一家的最低生活保障金,如果要停发,应当作出书面说明。

法律条文

《社会救助暂行办法》

第十三条 最低生活保障家庭的人口状况、收入状况、财产状况发生变化的,应当及时告知乡镇人民政府、街道办事处。

县级人民政府民政部门以及乡镇人民政府、街道办事处应当对获得最低生活保障家庭的人口状况、收入状况、财产状况定期核查。

最低生活保障家庭的人口状况、收入状况、财产状况发生变化的,县级人民政府民政部门应当及时决定增发、减发或者停发最低生活保障金;决定停发最低生活保障金的,应当书面说明理由。

专家解析

低保对象资格不是一成不变的。有的低保家庭困难程度缓解，收入水平超出了低保标准，就必须及时退出保障范围。当最低生活保障享受人生活水平发生变化时，农村低保户要将情况告知乡镇人民政府，居民低保户要告知街道办事处。当低保户不再符合低保条件时，应当及时办理低保金停发、减发手续。停发低保的必须出具书面停发通知并说明理由。

135. 最低生活保障金可以是实物吗?

案例场景

中秋节将至，物价也随着上涨，某市政府为了帮助低保家庭能轻松度过中秋节，决定投入500万元，向全市范围的低保家庭发放月饼、葡萄等。但低保的家庭收到实物后，想法都不同。有的很高兴，觉得政府对他们照顾得很周到，有的觉得还是给钱比较实惠，这样的话就可以买点自己需要的东西。那么，最低生活保障金可以是实物吗?

依法分析

政府可以通过发“月饼”等物品来补助城市低保户。《城市居民最低生活保障条例》第八条第四款规定：“城市居民最低生活保障待遇由管理审批机关以货币形式按月发放；必要时，也可以给付实物。”按照此规定，对于城市居民最低生活保障待遇的发放，政府在必要时，可以给付实物。本案中，某市政府鉴于中秋节期间月饼等中秋节食品价格大幅上涨的情况，不发钱改发“月饼”等物品的行为符合法律的规定。

法律条文

《城市居民最低生活保障条例》

第八条第四款 城市居民最低生活保障待遇由管理审批机关以货币形式按月发放；必要时，也可以给付实物。

专家解析

低保金的发放以金钱为一般形式，以发放实物为特殊形式。低保金是低保户维持基本生活的基础，低保户在生活方面最需要什么只有他们自己最清楚，发钱是最能保障低保户基本需求的方式。发放实物的这种特殊形式只在“必要”时才可以实施，因为发放实物不容易进行监管，容易被相关部门不法人员挪作他用或是在购买实物时以次充好，这都是严重损害低保户利益的行为，因此，法律规定在“必要时”才可以将实物充抵低保金。

136. 可以举报不符合低保条件的人员吗？

案例场景

周某与妻子二人纷纷下岗，从此断了经济来源。虽然之前二人省吃俭用攒下了一些钱，但是生活还是非常困难。不仅儿子上学需要钱，并且周某的妻子身体不好，经常需要看病吃药。周某为了维持家里的生活找了一份零工，但每个月也只有1500元的收入，根本不能维持家庭的生活。后来居委会知道周某家庭的情况后，帮助周某办理了最低生活保障。后来，周某与妻子向朋友借了一些钱开了一家饭馆，生意不错，日子也渐渐富裕起来。但是周某并没有向居委会反映此情况，而是一直享受着低保的待遇。在这种情况下，知道周某家情况的人可以进行举报吗？

依法分析

只要是确实了解“低保户”不符合低保条件还享受国家最低生活保障情况的人员，不论任何人都可以去反映、举报。根据我国《城市居民最低生活保障条例》第九条和《最低生活保障审核审批办法（试行）》第三十五条的相关规定，对经批准享受城市居民最低生活保障待遇的城市居民，应当接受群众监督。政府相关部门应当公开低保监督咨询电话，主动接受社会和群众对低保审核审批工作的监督、投诉和举报。经核查，对情况属实的，相关部门应当予以纠正。本案中，周某家的情况已不再符合“低保户”的条件，应当申请退出。

法律条文

《城市居民最低生活保障条例》

第九条 对经批准享受城市居民最低生活保障待遇的城市居民，由管理审批机关采取适当形式以户为单位予以公布，接受群众监督。任何人对不符合法定条件而享受城市居民最低生活保障待遇的，都有权向管理审批机关提出意见；管理审批机关经核查，对情况属实的，应当予以纠正。

《最低生活保障审核审批办法（试行）》

第三十五条 县级以上地方人民政府民政部门和乡镇人民

政府(街道办事处)应当公开低保监督咨询电话,主动接受社会和群众对低保审核审批工作的监督、投诉和举报。有条件的地方可以省为单位设置统一的举报投诉电话。

第三十六条 县级以上地方人民政府民政部门和乡镇人民政府(街道办事处)应当健全完善举报核查制度,对接到的实名举报,应当逐一核查,并及时向举报人反馈核查处理结果。

专家解析

最低生活保障的经办部门应当公布低保监督咨询电话,接受群众的监督、投诉、举报,任何人只要是了解低保中存在的问题都可以进行举报、投诉,这是保障群众公平享有监督权的方式,也是杜绝“关系保”“人情保”的有效方式。低保经办机关在接到举报时必须核查,并且要向举报人告知查处结果,这也是切实有效保障群众监督权的方式。

137. 农业户口能申请城市低保吗?

案例场景

孙某与妻子都是农村人,平常省吃俭用攒了一些钱。为了能让女儿接受更好的教育,夫妻二人决定让女儿到市里的寄宿学校上学,二人也来到市里打工,方便陪女儿读书。孙某与妻子用积攒的钱在学校的旁边开了一间早点铺,由妻子打点,平常去吃早点的人很多,生意也一直很红火。而孙某也找到了一份建筑工人的工作,但是没过多久,孙某在一次施工中不小心从高空摔了下来,受伤严重。妻子为了给孙某治病,几乎花掉了家里所有的钱,因为要照顾孙某，早点铺也只能关门。但是妻子听人说像他们这种情况可以办理最低生活保障，她想要知道，农村户口可以办理城市低保吗？

依法分析

申请低保会根据户籍性质不同而有所不同。《最低生活保障审核审批办法（试行）》第六条第一款规定：“持有非农业户口的居民，可以申请城市低保。持有农业户口的居民，可以申请农村低保。”本案中，孙某与妻子是农业户口，不能申请城市最低生活保障，但可以申请农村低保。

法律条文

《最低生活保障审核审批办法（试行）》

第六条 持有非农业户口的居民，可以申请城市低保。持有农业户口的居民，可以申请农村低保。

取消农业和非农业户口划分的地区，原则上可以将申请人户籍所在地为城镇且居住超过一定期限、无承包土地、不参加农村集体经济收益分配等作为申请城市低保的户籍条件。

专家解析

对不同性质的户口，国家有不同的政策。城市低保对象没有土地可以耕种，而农村低保对象多少有些土地，而且城市生活消费水平高，国家对低保区分为城市和农村两种标准，是符合我国国情的做法。

138. 哪些人可以成为申请教育救助的主体？

案例场景

小明今年上高三了，学习成绩非常优秀，一直是学校重点培养的对象，老师和同学都非常喜欢他。但是小明是最低生活保障家庭的成员，家里条件极其困难，已经没有能力再供其继续读书。小明只能辍学。学校的校长以及老师知道这件事情后，觉得非常可惜，以小明的学习成绩完全可以考进全国重点大学。于是，老师找到了小明的家长，建议他们为小明去申请当地的教育救助，希望可以让小明能够顺利完成学业考入大学，将来有更好的生活。那么，像小明这种情况能申请教育救助吗？

依法分析

小明作为高中教育阶段就学的最低生活保障家庭的成员，符合教育救助的条件，可以根据有关程序申请教育救助。《社会救助暂行办法》第三十三条规定："国家对在义务教育阶段就学的最低生活保障家庭成员、特困供养人员，给予教育救助。对在高中教育（含中等职业教育）、普通高等教育阶段就学的最低生活保障家庭成员、特困供养人员，以及不能入学接受义务教育的残疾儿童，根据实际情况给予适当教育救助。"可见，国家不仅对义务教育阶段就学的最低生活保障家庭成员、特困供养人员给予教育救助，而且对义务教育阶段以上的这两类人员，以及不能入学接受义务教育的残疾儿童，也要根据实际情况给予适当救助。因此，小明符合申请教育救助的条件，可以提出申请。

法律条文

《社会救助暂行办法》

第三十三条 国家对在义务教育阶段就学的最低生活保障家庭成员、特困供养人员，给予教育救助。

对在高中教育（含中等职业教育）、普通高等教育阶段就学的最低生活保障家庭成员、特困供养人员，以及不能入学接受义务教育的残疾儿童，根据实际情况给予适当教育救助。

专家解析

对于接受义务教育的人员，只要属于最低生活保障家庭成员或者特困供养人员的，都可以依法申请教育救助。而对于完成义务教育，继续接受高中教育、普通高等教育的这类人员，以及不能入学接受义务教育的残疾儿童，国家会根据他们的实际情况给予一定的教育救助。

139. 教育救助的申请应当向谁提出？

案例场景

王某是一名高三的学生，学习成绩非常优秀，每次成绩都是全校前三名，老师及同学都觉得其肯定能考入一所理想的重点大学。但没有想到的是，临近高考，王某却突然退学，老师及同学都很不解，觉得非常可惜。事后，老师到王某家里去做家访，才知道其家里的情况多么贫苦：母亲一直卧病在床，父亲文化水平较低，只能靠打零工挣些钱，王某上学主要是依靠政府给的低保。而对这种情况，王某只能接受现实，中途退学。老师了解了王某的情况后，就建议其去申请教育救助，可以帮其完成学业。王某想要知道自己该向谁提出教育救助申请呢？

依法分析

王某符合申请教育救助的条件，如果要申请教育救助，应该向他就读的学校提出申请。《社会救助暂行办法》第三十六条规定："申请教育救助，应当按照国家有关规定向就读学校提出，按规定程序审核、确认后，由学校按照国家有关规定实施。"因此，王某应当按照规定向就读学校提出教育救助申请，然后等待审核、确认。

法律条文

《社会救助暂行办法》

第三十六条 申请教育救助，应当按照国家有关规定向就读学校提出，按规定程序审核、确认后，由学校按照国家有关规定实施。

专家解析

对于需要申请教育救助的人员，应当依照相关规定向其就读的学校提出申请，学校接到申请人的申请材料后，应当按照规定的程序进行审核、确认，符合条件的，由学校依照国家的规定实施教育救助。对于申请教育救助的人员的家庭情况，其所在学校是最方便调查、了解清楚的，因此，应向学校提出申请。

140. 哪些是就业救助的措施?

案例场景

李某文化水平较低,一直在某建筑工地打工,挣得也不多,连家里的基本生活都维持不了,只能靠政府提供的最低生活保障度日。后来,李某又因在施工的时候被掉下来的钢筋砸伤脚而花去大笔医疗费,让原本就困难的家庭雪上加霜。经过一段时间后,李某病情恢复,只是走路有些不方便,一直找不到工作。后来他听朋友说像他这种情况可以去申请就业救助,于是便打算提出申请。哪些是就业救助的措施?就业救助措施是给予补助吗?

依法分析

《社会救助暂行办法》第四十二条规定:"国家对最低生活保障家庭中有劳动能力并处于失业状态的成员,通过贷款贴息、社会保险补贴、岗位补贴、培训补贴、费用减免、公益性岗位安置等办法,给予就业救助。"李某的家庭享有最低生活保障,虽然受伤,腿脚有些不便,但其仍有劳动能力并处于失业状态。针对李某的这种情况,政府可以通过贷款贴息、社会保险补贴、岗位补贴、培训补贴、费用减免、公益性岗位安置等办法给予就业救助,而并非仅仅发放补助。

法律条文

《社会救助暂行办法》

第四十二条 国家对最低生活保障家庭中有劳动能力并处

于失业状态的成员，通过贷款贴息、社会保险补贴、岗位补贴、培训补贴、费用减免、公益性岗位安置等办法，给予就业救助。

专家解析

为了缓解就业压力，切实解决低保家庭中有劳动能力的失业人员的就业问题，国家通过法律法规规定了就业救助的一系列措施，具体包括贷款贴息、社保补贴、岗位补贴、培训补贴、费用减免、设置公益性岗位等。就业救助并不仅仅是给予被救助人一定的经济补贴，而是通过多种手段，鼓励他们上岗再就业。

141. 家庭符合什么条件时，政府应当为其成员安排工作？

案例场景

吴某今年大学刚刚毕业，没有什么工作经验。父母在她初中的时候就去世了，一直以来，吴某都是和姥姥相依为命，平时姥姥也只是靠给人做零活、捡废品以及领低保来供其读书，日子过得非常困难。现在姥姥年纪越来越大，身体也越来越不好，行动非常不便。吴某想到自己终于毕业了，可以找一份工作来维持家庭，照顾姥姥了。但是在刚毕业没什么经验的情况下，根本就不好找工作。那么，像吴某这种情况，政府会给她安排工作吗？

依法分析

《社会救助暂行办法》第四十三条规定："最低生活保障家庭有劳动能力的成员均处于失业状态的，县级以上地方人民政府应当采取有针对性的措施，确保该家庭至少有一人就业。"吴某家庭享有最低生活保障，家中只有吴某具备劳动能力，但是却一直处于失业状态，针对这种情况，县级以上政府应当采取措施，确保吴某就业。

法律条文

《社会救助暂行办法》

第四十三条 最低生活保障家庭有劳动能力的成员均处于失业状态的，县级以上地方人民政府应当采取有针对性的措施，确保该家庭至少有一人就业。

专家解析

国家鼓励有劳动能力的人员通过自己的劳动保障家庭的基本生活需求，对于享受低保待遇的家庭，如果其成员都有劳动能力，却没有工作的，那么，当地政府应当制定具体的办法，帮助其实现就业。即使该家庭只有一人实现了就业，对家庭的经济状况也会有很大的改善。

142. 国家给农村残疾人的就业帮助有哪些？

案例场景

苏某从小就得了小儿麻痹症，当地的村民都知道他是一位残疾人。但苏某并没有因身体缺陷就自暴自弃。其在当地政府的帮助下，凭借着聪明的头脑开了一家服装店，收入一直不错，可是由于近年来市场竞争比较激烈，服装店只能面临关门。苏某不甘心，又琢磨着做一些其他的事情。他想到从事果树种植，但由于资金投入较大，且不懂技术，于是苏某想到了找政府帮忙。那么，除了资金支持，政府还会为苏某提供技术上的帮助吗？

依法分析

苏某除了可以向政府寻求资金支持,还可以向政府寻求技术指导的帮助。目前多地人民政府均采用资金支持的方式,实现了组织和扶持农村残疾人从事种植业、养殖业等形式的生产劳动。这容易造成一些人的认知误区,即认为国家帮助仅限于资金支持,其实这是片面的看法。《残疾人就业条例》第二十条明确规定,除筹集资金组织和扶持农村残疾人从事种植业、养殖业、手工业和其他形式的生产劳动外,有关部门对从事农业生产劳动的农村残疾人,应当在生产服务、技术指导、农用物资供应、农副产品收购和信贷等方面给予帮助。也就是说,国家的帮扶形式是多种多样的,既有资金支持又有技术指导、产品收购等帮扶途径。案例中的苏某除了可以获得政府的资金支持,还可以向有关部门寻求种植果树的技术指导,提高果树的成活率。

法律条文

《残疾人就业条例》

第二十条 地方各级人民政府应当多方面筹集资金,组织和扶持农村残疾人从事种植业、养殖业、手工业和其他形式的生产劳动。

有关部门对从事农业生产劳动的农村残疾人,应当在生产服务、技术指导、农用物资供应、农副产品收购和信贷等方面给予帮助。

专家解析

政府不但应当组织、扶持农村残疾人从事农业、手工业等生产劳动,还应当帮助其筹集资金。对于从事农业生产劳动的农村残疾人,政府还应当在生产服务、技术指导、农用物资供应、农副产品收购、银行贷款等方面给予各种帮助，以促进农村残疾人参加生产劳动，享受劳动权利。

143. 已经是最低生活保障的家庭了，还能否得到医疗救助？

案例场景

沈某是一名下岗工人，下岗后找了一份门卫的工作，每月也只有1200元的工资，妻子因为要照顾生病的老人以及上学的孩子，一直也没有工作，因此沈某向当地有关部门申请了最低生活保障。没过多久，沈某在上班的时候一直感觉自己很累，没有精神，经过检查得知自己得了严重的肾病，需要靠药物来治疗，如果病情再度恶化的话就只能换肾了。面对高额的医药费，沈某几近崩溃，甚至决定放弃治疗。那么，像低保户沈某这种情况还能申请相关医疗救助吗？

依法分析

沈某可以向当地民政部门申请医疗救助。为保障医疗救助对象获得基本医疗卫生服务，我国建立健全医疗救助制度。案例中，低保户沈某因患有肾病，无力支付高额医疗费，不得不放弃治疗。根据我国《社会救助暂行办法》第二十八条的规定，最低生活保障家庭成员可以申请相关医疗救助。因此，沈某作为享有最低生活保障的家庭成员，可以向相关部门申请医疗救助。

法律条文

《社会救助暂行办法》

第二十八条 下列人员可以申请相关医疗救助：

（一）最低生活保障家庭成员；

（二）特困供养人员；

（三）县级以上人民政府规定的其他特殊困难人员。

专家解析

为了缓解“看病难”“看病贵”的情况，《社会救助暂行办法》规定了可以申请相关医疗救助的群体范围。其中包括了低保户、特困供养户和其他特殊困难人员。医疗救助是国家和社会针对因贫困而没有经济能力看病、治病的人群实施专门的帮助和支持的措施，是通过医疗机构针对贫困人口患病者实施的恢复健康、维持基本生存能力的救治行为。凡是符合条件的人员都可以申请国家提供的医疗救助。

144. 个人缴费部分可以申请医疗救助吗？

案例场景

江某年轻时就患有肝炎，需要经常吃药，也因此一直找不到工作，家庭生活非常困难，于是申请了最低生活保障。但是这并未减轻江某家庭的困难，他找到当地的社区办理了居民基本医疗保险。然而随着年龄的增长，江某的病情也在不断恶化，需要住院治疗。但江某考虑到自己的情况，即便是参加了医疗保险，也无力承受高额的医疗费。无奈之下，他想到了医疗救助。那么，江某经过医疗报销后剩下的费用，医疗救助会给予补助吗？

依法分析

经医保报销后,剩下的医疗费用医疗救助会给予补助。《社会救助暂行办法》第二十九条第一款第(二)项规定:"对救助对象经基本医疗保险、大病保险和其他补充医疗保险支付后,个人及其家庭难以承担的符合规定的基本医疗自负费用,给予补助。"本案中,江某经基本医疗保险报销后,需要他自己承担的高额的医疗费,如果符合法律规定,医疗救助会给予补助。

法律条文

《社会救助暂行办法》

第二十九条 医疗救助采取下列方式:

(一)对救助对象参加城镇居民基本医疗保险或者新型农村合作医疗的个人缴费部分,给予补贴;

(二)对救助对象经基本医疗保险、大病保险和其他补充医疗保险支付后,个人及其家庭难以承担的符合规定的基本医疗自负费用,给予补助。

医疗救助标准,由县级以上人民政府按照经济社会发展水平和医疗救助资金情况确定、公布。

专家解析

城市、农村居民可以参加居民基本医疗保险,新农合报销一部分医疗费用,对于剩下需要自己花钱的部分就可以申请医疗救助。医疗救助是在基本医疗保险、大病保险、补充医疗保险报销之后,再对患者自己承担的部分给予的补助,这是多层保障制度,有效缓解了困难人员看病问题。因各个地方经济发展水平不同,就需要县级以上人民政府根据本地区的情况确定标准并进行公示，保障群众的知情权。

145. 危重病人的身份不明还能得到疾病应急救助吗？

案例场景

一位年近八旬的老人在街头拾荒时，突然倒地，途经此地的路人王某遂将老人送进医院抢救。经过医生的治疗确诊老人是突发脑卒中，病情非常严重，需要马上进行紧急治疗。可王某并不认识这位老人，老人穿得破破烂烂的，找不到任何可以证明他身份的信息。面对这种情况，医院也只能先进行抢救。那么，这位老人能得到疾病应急救助吗？

依法分析

老人可以获得疾病应急救助。《社会救助暂行办法》第三十二条第一款规定："国家建立疾病应急救助制度，对需要急救但身份不明或者无力支付急救费用的急重危伤病患者给予救助。符合规定的急救费用由疾病应急救助基金支付。"本案中，老人因患脑卒中生命垂危，需要急救，属于急重危伤的患者，而且其是身份不明的流浪人员，符合该法律规定的情形，因此老人可以得到疾病应急救助，符合规定的急救费用由疾病应急救助基金支付。

法律条文

《社会救助暂行办法》

第三十二条 国家建立疾病应急救助制度，对需要急救但身份不明或者无力支付急救费用的急重危伤病患者给予救助。符合规定的急救费用由疾病应急救助基金支付。

疾病应急救助制度应当与其他医疗保障制度相衔接。

专家解析

在现实生活中，少数需要急救的患者因身份不明、无能力支付医疗费用等原因，得不到及时有效的治疗，“等钱救命”的现象时有发生。国家建立应急救助制度，把身份不明或者无力支付急救费用的急重危伤病患者纳入了应急救助范围，在这些人员发生急重危伤时，应急救治费用应先由责任人、工伤保险和基本医疗保险等各类保险、公共卫生经费以及医疗救助基金、道路交通事故社会救助基金等渠道支付，无上述渠道或上述渠道费用支付有缺口，由疾病应急救助基金给予补助。

146. 哪些人员可以享受特困人员供养待遇？

案例场景

刘奶奶已经快90岁了，儿子与儿媳很久前就去世了，只剩刘奶奶与孙子小强相依为命。小强大学毕业后在一家小公司做助理，虽然挣得不多，但也基本能够维持祖孙俩的生活。但是，小强在一次出差的时候遇上泥石流，不幸遇难身亡。现在只剩下刘奶奶一人了。那么，刘奶奶能享受特困人员供养的待遇吗？

依法分析

《社会救助暂行办法》第十四条规定：“国家对无劳动能力、无生活来源且无法定赡养、抚养、扶养义务人，或者其法定赡养、抚养、扶养义务人无赡养、抚养、扶养能力的老年人、残疾人以及未满16周岁的未成年人，给予特困人员供养。”本案中，小强遭遇泥石流身亡，刘奶奶没有了生活来源，也没有了赡养义务人，而且其已经年近90岁的高龄，显然没有了劳动能力。综上可以得知，刘奶奶符合享受特困人员供养的条件，可以申请享受特困人员供养待遇。

法律条文

《社会救助暂行办法》

第十四条 国家对无劳动能力、无生活来源且无法定赡养、抚养、扶养义务人，或者其法定赡养、抚养、扶养义务人无赡养、抚养、扶养能力的老年人、残疾人以及未满16周岁的未成年人，给予特困人员供养。

专家解析

所谓特困人员供养，是指国家对经济生活有特殊困难的人员，以国家出资的形式为其提供基本生活保障的一种社会救助制度。对于无劳动能力、无生活来源且无人照管或者其法定的监护人无照管能力的老年人、残疾人以及未满16周岁的未成年人，我国法律将其界定为特困供养人员，他们依法享受特困人员供养待遇。

147. 特困供养人员一定要参加集体生活吗？

案例场景

李大爷今年已经85岁了，行动不便，老伴去世得早，又无儿无女，平时只能靠捡废品为生。当地的居委会了解到李大爷的情况后，就帮助其办理了特困人员的申请。当地政府经过审查，批准李大爷成为特困人员，并安排其到当地的供养服务机构参加集体生活。但是李大爷觉得一个人生活自在，不愿意到人多的地方。那么，李大爷作为特困供养人员一定要参加集体生活吗？

依法分析

《社会救助暂行办法》第十九条规定："特困供养人员可以在当地的供养服务机构集中供养，也可以在家分散供养。特困供养人员可以自行选择供养形式。"本案中，李大爷不愿在当地的供养服务机构集中供养，可以在家分散供养。

法律条文

《社会救助暂行办法》

第十九条 特困供养人员可以在当地的供养服务机构集中供养，也可以在家分散供养。特困供养人员可以自行选择供养形式。

专家解析

国家为了方便对特困人员的照顾、供养，设立了一定的供养服务机构对他们进行集中供养，但这并不是说这些特困供养人员只能到这些机构生活。法律规定了比较自由的供养形式，特困供养人员不愿意集中供养的，也可以选择在自己家中分散供养。只要是有利于这些特困供养人员生活的供养形式，特困供养人员可以自行选择。

148. 家中遭遇意外事件后能否申请临时救助？

案例场景

丈夫黄某与妻子白某带女儿出去旅游，没想到在坐缆车的时候，缆车突发中断坠落事故。黄某为保护妻子和女儿不幸身亡，妻子虽然还好，但女儿却因年纪小而身受重伤。面对如此不幸的情况，亲朋好友纷纷伸出援手来帮助这个即将破碎的家庭，但即使是这样，也改变不了该家庭穷困潦倒的局面，日子过得非常艰难。于是，白某想到了向有关部门申请临时救助。那么，像这种情况的家庭，能否申请临时救助？

依法分析

白某家可以得到临时救助。《社会救助暂行办法》第四十七条规定："国家对因火灾、交通事故等意外事件，家庭成员突发重大疾病等原因，导致基本生活暂时出现严重困难的家庭，或者因生活必需支出突然增加超出家庭承受能力，导致基本生活暂时出现严重困难的最低生活保障家庭，以及遭遇其他特殊困难的家庭，给予临时救助。"本案中，白某一家因遭遇缆车事故，一人丧生，一人重伤，财尽人空，基本生活暂时出现严重困难，属于国家给予临时救助的情形，可以通过相关民政部门获得临时救助。

法律条文

《社会救助暂行办法》

第四十七条 国家对因火灾、交通事故等意外事件，家庭成员突发重大疾病等原因，导致基本生活暂时出现严重困难的家庭，或者因生活必需支出突然增加超出家庭承受能力，导致基本生活暂时出现严重困难的最低生活保障家庭，以及遭遇其他特殊困难的家庭，给予临时救助。

专家解析

当家庭因火灾、交通事故等意外事件，或者家庭成员突发重病等，致使家庭的基本生活暂时出现严重困难的，当事人可以向政府申请临时救助。此外，对于因生活必需支出突然增加，致使低保家庭的生活出现暂时性严重困难的，当事人也可以申请政府临时救助。如果当事人认为自己遭遇了其他特殊困难，家庭生活受到重大影响的，也可以请求国家的临时救助。

149. 参与社会救助工作的途径有哪些？

案例场景

杨某的父母在其幼时因车祸意外身亡，杨某一直是由爷爷照顾。由于爷爷身体一直不好，在杨某上小学的时候，爷爷也去世了，只留下杨某一人，其也因此被送进福利院。在此期间，杨某得到了很多人的帮助，并顺利完成学业参加了工作。杨某工作后非常努力，受到老板的赏识，坐上了总经理的位子。经过几年的拼搏，杨某终于有了自己的公司，并想到当时帮助过自己的好心人，就决定以自己的能力来回报社会，帮助那些像自己一样需要帮助的孩子们。杨某想要知道该怎样参加社会救助的工作呢？

依法分析

社会力量在社会救助方面具有举足轻重的地位，发挥着不可小觑的作用，因此，国家支持并积极鼓励社会力量加入社会救助的队伍当中。《社会救助暂行办法》第五十二条规定："国家鼓励单位和个人等社会力量通过捐赠、设立帮扶项目、创办服务机构、提供志愿服务等方式，参与社会救助。"可见，社会力量参与社会救助的途径是多样的，其救助的途径和方式包括捐赠、设立帮扶项目、创办服务机构、提供志愿服务等。杨某可以根据自己的实际情况，加入社会救助的队伍当中。从该规定中，足以看出国家对社会力量参与社会救助的重视程度。另外，社会力量参与社会救助，还可以发挥其提供多种专业化帮扶服务的优势，弥补政府物质救助的不足，让受助人群真正得到帮助。

法律条文

《社会救助暂行办法》

第五十二条　国家鼓励单位和个人等社会力量通过捐赠、设立帮扶项目、创办服务机构、提供志愿服务等方式，参与社会救助。

专家解析

"一方有难，八方支援"，大家齐心协力就能克服各种困难。社会救助是以国家为主体实施的帮助他人的制度，但是单位和个人也可以通过各种途径参与到这项工作中来，具体的参与方式包括捐赠、设立帮扶项目、创办服务机构、提供志愿服务等。只要我们愿意用自己的力量帮助需要帮助的人，就可以选用各种合法的方式献出我们的爱心。

第八章　民事诉讼法律知识

150. 怎样聘请律师维护自身合法权益？

案例场景

2018年2月的一天，杨女士骑着电动车在大街上正常行驶，在经过一个有红绿灯的十字路口时，一辆同向的右拐车辆不及时避让，反而跟杨女士抢路。杨女士躲闪不及，被撞倒在地，身体多处受伤。事后，交警到达现场，认定汽车司机负全责。但汽车司机态度不诚恳，杨女士及丈夫担心赔偿问题不能顺利解决，决定聘请律师帮忙处理此事。第一次同律师打交道的杨女士，应怎样聘请律师来维护自身权益呢？

依法分析

有民事诉讼行为能力的人可以亲自参加诉讼或委托亲属、朋友及其他法院允许的公民作为自己的诉讼代理人，依法行使诉讼权利，也可以聘请律师担任自己的诉讼代理人，最大限度地维护自身利益。根据我国法律规定，当事人身份和居住地不同，聘请诉讼代理人的方式也不同。在我国，当事人在联系到一个律师后，要与律师所在的律师事务所签订一份《委托代理协议》，而不是和律师个人签订委托代理协议。委托代理协议包括很多内容，最重要的是要将委托事项、代理权限、代理费约定清楚。代理权限，分为一般代理和特别代理，特别代理人的权利大于一般代理人。在我国，律师拥有专业的法律知识，享有广泛的执业权利，可以从法律的角度对案件进行分析取证，必要时可以查阅案卷资料、调查收集证据等，因而委托律师参加诉讼能够更好地维护当事人的利益。

法律条文

《中华人民共和国民事诉讼法》

第五十九条第一款 委托他人代为诉讼，必须向人民法院提交由委托人签名或者盖章的授权委托书。

第六十一条 代理诉讼的律师和其他诉讼代理人有权调查收集证据，可以查阅本案有关材料。查阅本案有关材料的范围和办法由最高人民法院规定。

专家解析

公民不但可以自己直接参与诉讼，还可以通过委托的形式，将自己的诉讼请求等告诉他人，由他人代为诉讼。公民委托他人代为诉讼时，必须向法院提交由自己签名或者盖章的授权委托书，将自己的委托意思、委托事项、委托权限等内容告知法院，以便法院更好地推进诉讼程序。

151. 满足哪些条件才可起诉？

案例场景

王某与陈某是邻居。十几年前，两家就因盖房占地的事起过一次冲突，结了怨，多年来虽未再起争执，但也从不往来。2018年年底，陈家老三喝了酒，旧事重提，骂了王某几句，被王某的女儿听到并回击了几句，陈老三便拿起木棍冲到王家将王某女儿打成轻伤。王某欲将陈老三告上法庭。那么，需符合哪些条件王某才可起诉？

依法分析

根据我国《民事诉讼法》第一百一十九条的规定，王某要起诉必须满足四个条件：1. 王某必须与本案有直接的利害关系，本案中其女儿被打伤，人身权受到伤害，所以王某是适格的原告；2. 必须要有明确的被告，即原告必须在起诉书中明确写明本案被告为陈老三；3. 要有具体的诉讼请求、事实和理由，即原告在起诉书中要写明希望从法院得到什么样的救济，如希望被告赔偿多少医疗费、精神损失费等，还要写明其请求所依据的理由是什么，即某司法鉴定机构鉴定报告及相关法律的哪条哪款等；4. 起诉的法院必须是对本案有管辖权的法院，如本案由侵权行为地或被告住所地法院管辖。综上，只要符合了上述条件即可直接向法院起诉。

法律条文

《中华人民共和国民事诉讼法》

第一百一十九条 起诉必须符合下列条件：

（一）原告是与本案有直接利害关系的公民、法人和其他组织；

（二）有明确的被告；

（三）有具体的诉讼请求和事实、理由；

（四）属于人民法院受理民事诉讼的范围和受诉人民法院管辖。

《最高人民法院关于民事诉讼证据的若干规定》

第一条 原告向人民法院起诉或者被告提出反诉，应当附有符合起诉条件的相应的证据材料。

专家解析

民事案件实行“民不告官不究”的诉讼原则，只有民事主体向法院提起诉讼，法院才会受理。我国法律明确规定，民事起诉必须具备以下条件：1. 原告适格，即原告必须是与案件有直接利害关系的公民、法人或者其他组织；2. 被告明确，即原告起诉时必须明确案件的被告，以便法院可以保障诉讼程序的顺利进行；3. 有具体的诉讼请求和事实理由，否则法院无法决定是否符合立案条件，诉讼程序也无法真正开始；4. 属于受诉法院民诉案件范围，即提起民事诉讼不但要符合法律规定的民事诉讼受案范围，当事人还必须向有管辖权的法院提出。

152. 原告在起诉后，还可以选择撤诉吗？

案例场景

黄某与林某是同一所高中的学生，黄某一向看林某不顺眼，于是一天放学后，便纠集了五个人围攻林某，将其打成轻伤。事发后，林某的父母代替儿子将黄某及其父母告上法庭，要求对方赔偿医疗费、精神损失费共计 6.7 万元，且正式赔礼道歉。黄某的父母自觉愧疚，主动找到林某父母，提出一共赔偿 10 万元，给儿子一个教训，但希望林家可以撤诉，让两个孩子不必经历法庭的审判，林家同意了黄家的要求。那么，林某父母在起诉后可以撤诉吗？

依法分析

林某父母可以提出撤诉。民事诉讼主体在民事诉讼中享有自行和解权。民事诉讼和解,是指双方当事人在民事审判程序和民事执行程序中自行协助,达成协议,较为平和地解决纠纷。

本案中,黄某的父母主动登门道歉,并积极赔偿,林家表示原谅,他们之间的矛盾已经和平地得到了解决。既然矛盾已经解决,当然可以撤诉了。事实上,法院也很希望当事人之间能够协商解决问题,毕竟对簿公堂是十分激烈的手段,即使解决了纠纷,也伤了感情。尤其是邻里朋友之间,温和地协商,达成共识,化干戈为玉帛未必不是一件好事。

法律条文

《中华人民共和国民事诉讼法》

第五十条 双方当事人可以自行和解。

第五十一条 原告可以放弃或者变更诉讼请求。被告可以承认或者反驳诉讼请求,有权提起反诉。

专家解析

当争议已经解决,那么已启动的诉讼程序就没有存在的必要性了,继续推进该程序只会造成司法资源的浪费,也可能伤及当事人之间的感情,不利于社会的和谐与稳定,因此,法律规定原告可以放弃诉讼请求。当然,法律为了维护社会的公平正义,不但允许原告可以放弃或者变更自己的诉求,也允许被告提起反诉,承认或者反驳原告的诉讼请求。

153. 申请法律援助需符合什么条件？

案例场景

小齐的母亲未婚先孕，生下小齐后便一直自己抚养他。因为所在的工厂效益还可以，倔强的母亲从不肯向小齐的生父索要孩子的抚养费。2017 年年底，小齐母亲工作的工厂因政策调整而倒闭，母子俩一下子陷入了困境。无奈之下，15 岁的小齐托人找到父亲索要抚养费，却被一口回绝。于是小齐决定用法律手段维护自己的权益，将父亲告上法庭，但没有钱请律师。那么，小齐符合申请法律援助的条件吗？

依法分析

本案中，小齐可以向其生父所在地的法律援助机构申请法律援助。根据《法律援助条例》第十条第一款第（四）项和第十四条第（三）项的规定，公民对请求给付赡养费、抚养费、扶养费的需要代理的事项，因经济困难没有委托代理人的，可以向给付赡养费、抚养费、扶养费义务人住所地的法律援助机构提出申请。小齐只要符合案件受理地所在的省、自治区、直辖市人民政府规定的公民经济困难的标准，就可以向其父亲所在地（案件受理地）的法律援助机构申请法律援助。

法律条文

《法律援助条例》

第十条 公民对下列需要代理的事项，因经济困难没有委托代理人的，可以向法律援助机构申请法律援助：

……

（四）请求给付赡养费、抚养费、扶养费的；

……

第十四条 公民就本条例第十条所列事项申请法律援助，应当按照下列规定提出：

……

（三）请求给付赡养费、抚养费、扶养费的，向给付赡养费、抚养费、扶养费的义务人住所地的法律援助机构提出申请；

……

专家解析

在请求给付赡养费、抚养费、扶养费的案件中，当事人因经济困难没有委托代理人的，有权请求法律援助。申请人应根据申请援助案件性质的不同，向相应的法律援助机构提出申请。与诉讼管辖相对应，申请人一般应向请求事项的相对方所在地的法律援助机构提出申请。

154. 当事人可因哪些事项向法律援助机构申请法律咨询？

案例场景

2017年9月，家住海南省海口市的张大哥在海边游玩时发现一女子跳海，马上下海营救。女子被成功救出，但张大哥因长时间缺氧大脑受损严重，面临巨额的医疗费。事后，获救女子连句“谢谢”都没说，便消失了。媒体找到获救女子，也被拒绝采访。张大哥家境普通，无法承担将近20万元的医疗费用，于是张家人想通过法律手段争取一些费用，但不知具体如何进行，便找到法律援助机构咨询。那么，张大哥的事情可以向法律援助机构申请咨询吗？

依法分析

张大哥可以向法律援助机构申请法律咨询。根据《法律援助条例》第十条规定，法律援助包括法律咨询，下列事项可以向法律援助机构申请法律咨询：1. 依法请求国家赔偿的；2. 请求给予社会保险待遇或者最低生活保障待遇的；3. 请求发给抚恤金、救济金的；4. 请求给付赡养费、抚养费、扶养费的；5. 请求支付劳动报酬的；6. 主张因见义勇为行为产生的民事权益的。同时，根据《法律援助条例》第二十五条的规定，法律援助机构对公民申请的法律咨询服务，应当即时办理。所以，本案中，张大哥是因见义勇为行为而受到伤害的，属于可以向法律援助机构申请法律咨询的范围，张大哥可以申请法律咨询，法律援助机构对张大哥的咨询应当即时办理。

法律条文

《法律援助条例》

第十条 公民对下列需要代理的事项，因经济困难没有委托代理人的，可以向法律援助机构申请法律援助：

（一）依法请求国家赔偿的；

（二）请求给予社会保险待遇或者最低生活保障待遇的；

（三）请求发给抚恤金、救济金的；

（四）请求给付赡养费、抚养费、扶养费的；

（五）请求支付劳动报酬的；

（六）主张因见义勇为行为产生的民事权益的。

省、自治区、直辖市人民政府可以对前款规定以外的法律援助事项作出补充规定。

公民可以就本条第一款、第二款规定的事项向法律援助机构申请法律咨询。

第二十五条 法律援助机构对公民申请的法律咨询服务，应当即时办理；复杂疑难的，可以预约择时办理。

专家解析

法律咨询服务有十分重要的作用，通过咨询过程可以进行法律宣传，通过解答询问告诉公民合法与非法的区别，处理纠纷的办法及法律依据等，可以起到最直接、最有针对性的宣传法律、法规和政策的作用。同时通过法律咨询服务，可以帮助询问者提高认识，正确对待和处理矛盾、纠纷，使询问者理性地运用法律武器维护自己的权利。为更好地提供咨询服务，法律援助机构对公民申请的法律咨询应当即时办理，复杂疑难的，可以预约择时办理。

155. 因对方违约而起诉的，应由何地法院管辖？

案例场景

山东甲公司打算给员工发年终福利，向河北乙公司订购了一批钟表，约定2018年2月5日之前送到。甲公司将于2月6日举办年会，届时向员工发放奖品，但乙公司并未按时将钟表送到，甲公司只好临时高价订购了一批电子表，损失了近10万元。甲公司因此将乙公司告上法庭，要求其赔偿因违约造成的损失。那么，甲公司应向哪个法院起诉？该案件应由何地的法院管辖？

依法分析

甲公司应该向乙公司住所地所在的法院提起诉讼。本案涉及合同纠纷案件管辖权的问题，对于合同纠纷，应由被告住所地或合同履行地法院管辖。本案中，甲公司与乙公司的合同没有实际履行，因此不能由合同履行地法院管辖，而应由被告住所地法院管辖。

法律条文

《中华人民共和国民事诉讼法》

第二十一条第一款 对公民提起的民事诉讼，由被告住所地人民法院管辖；被告住所地与经常居住地不一致的，由经常居住地人民法院管辖。

第二十三条 因合同纠纷提起的诉讼，由被告住所地或者合同履行地人民法院管辖。

专家解析

在民事诉讼中，地域管辖一般采取“原告就被告”的原则，即由被告住所地法院管辖。由于合同纠纷案件比较特殊，虽然有确定的被告住所地，但是很多纠纷都发生在合同履行地或合同履行的时候。为更好地维护当事人的利益，减少当事人的诉讼之累，法律规定对于合同纠纷案件，原告既可以在被告住所地法院起诉，也可以在合同履行地法院起诉。

156. 因被侵权而起诉的，应当到哪个法院？

案例场景

苏某与夏某是同事，二人曾因一事发生过争执。后苏某在自己的微博和朋友圈上发布了一些对夏某的不实言论，称夏某与某男有染。苏某发布此消息后，大家对夏某议论纷纷，给夏某的生活带来很大影响。夏某认为苏某的行为侵害了自己的名誉权，准备向法院提起诉讼。但是，苏某现在已经回其老家了，夏某不知道自己应当向哪个法院提起诉讼。因侵权行为提起的诉讼应当到哪个法院起诉？

依法分析

因侵权行为提起的诉讼可以到侵权行为地或被告住所地法院起诉。我国《民事诉讼法》第二十八条规定："因侵权行为提起的诉讼，由侵权行为地或者被告住所地人民法院管辖。"同时，《最高人民法院关于适用〈中华人民共和国民事诉讼法〉的解释》第二十四条规定："民事诉讼法第二十八条规定的侵权行为地，包括侵权行为实施地、侵权结果发生地。"另外，该法第二十五条也规定："信息网络侵权行为实施地包括实施被诉侵权行为的计算机等信息设备所在地，侵权结果发生地包括被侵权人住所地。"由此可知，在当事人的合法权利被侵害时，其可以到侵权行为实施地、侵权结果发生地或被告住所地的法院提起诉讼，请求人民法院依法作出判决。本案中，夏某要提起侵权行为之诉，可以到苏某的住所地法院、苏某实施侵权行为地所在法院或侵权行为结果发生地法院起诉。

法律条文

《中华人民共和国民事诉讼法》

第二十八条 因侵权行为提起的诉讼，由侵权行为地或者被告住所地人民法院管辖。

《最高人民法院关于适用〈中华人民共和国民事诉讼法〉的解释》

第二十四条 民事诉讼法第二十八条规定的侵权行为地，包括侵权行为实施地、侵权结果发生地。

第二十五条 信息网络侵权行为实施地包括实施被诉侵权行为的计算机等信息设备所在地，侵权结果发生地包括被侵权人住所地。

专家解析

我国法律对于侵权行为的管辖法院作出了明确规定，并进一步明确了侵权行为地和结果发生地的概念，以更加准确地指导侵权诉讼管辖事宜。此外，法律对于侵权行为诉讼规定了多个管辖法院，目的就是方便侵权行为的受害人更好地行使诉讼权利，同时也减少诉讼成本，节约司法资源。

157. 民事案件中，未成年人可以作为证人吗？

案例场景

2017 年 8 月的一天，晚上 10 点多，孙某带着 9 岁的儿子小刚回家，因小刚吵着要吃西瓜，孙某便找到一处小摊买西瓜。称完后孙某觉得西瓜明显不够6斤，怀疑秤有问题，便与小贩理论，小贩坚称秤没问题，二人便起了争执，推搡间小贩将孙某推倒在地，致使孙某受伤。事后，孙某将小贩告上法庭。由于案发时天色已晚，路上行人寥寥，只有小刚目睹了事情的经过。那么，小刚可以作为本案的证人作证吗？

依法分析

本案中孙某9岁的儿子小刚可以作为证人。所谓证人证言是指，当事人以外了解案件情况的人，向人民法院就自己知道的案件情况所作的陈述。证人必须有作证能力才能提供证人证言，作证能力与民事行为能力无直接关系，只要待证事实与其年龄、智力状况或者精神健康状况相适应即可。本案中，孙某儿子虽未成年，但足以阐述事情起因及经过，所以可以成为证人。证人也不存在回避问题，只要知晓案件情况就可以作证，即使其与一方当事人有亲属或利害关系。

法律条文

《中华人民共和国民事诉讼法》

第七十二条 凡是知道案件情况的单位和个人，都有义务出庭作证。有关单位的负责人应当支持证人作证。

不能正确表达意思的人，不能作证。

《最高人民法院关于民事诉讼证据的若干规定》

第五十三条第二款 待证事实与其年龄、智力状况或者精神健康状况相适应的无民事行为能力人和限制民事行为能力人，可以作为证人。

专家解析

证人证言作为证据的一种，可以比其他证据更清晰地反映案件情况，因此只要能正确表达意志的行为能力人，都可以对所知事实进行出庭作证。未成年人如果所证明的事实与其年龄、智力及精神状况相适应的，也可以作为证人。也就是说，作为证人，其行为必须与其民事行为能力相适应，这也是我国法律对证人资格的宽泛性规定。

158. 当事人的口头陈述是否也是证据?

案例场景

8 岁的小猛与好友小强在胡同玩耍时将眼睛炸伤，父母询问后发现是小强执意玩鞭炮造成的，遂将小强及其父母告上法庭。因两个孩子玩耍时正值中午，各家各户都在做午饭，因此只有两个孩子在胡同玩耍，并无其他目击证人。小强父母强调，只有小猛的口头陈述，虽然小强也认可，但没有证据，不能说明事实。那么，当事人的口头陈述是否也是证据?

依法分析

当事人的陈述是法定证据种类的一种，如果在诉讼过程中，一方当事人对另一方当事人陈述的案件事实明确表示承认的，另一方当事人无须再举证。本案中，小猛没有小强给自己造成伤害的其他证据，只能通过口头陈述说明情况，小强对此也承认，那么，小猛就不必再另行举证，小猛的陈述可以作为庭审证据，该陈述是有证明力的。也就是说,在民事诉讼中并不是所有的案件事实均需举证证明,不同案件应视情况而定。

法律条文

《中华人民共和国民事诉讼法》

第六十三条 证据包括:

(一)当事人的陈述;

(二)书证;

(三)物证;

(四)视听资料;

(五)电子数据;

(六)证人证言;

(七)鉴定意见;

(八)勘验笔录。

证据必须查证属实,才能作为认定事实的根据。

《最高人民法院关于民事诉讼证据的若干规定》

第八条第一款 诉讼过程中,一方当事人对另一方当事人陈述的案件事实明确表示承认的,另一方当事人无需举证。但涉及身份关系的案件除外。

第七十六条 当事人对自己的主张,只有本人陈述而不能提出其他相关证据的,其主张不予支持。但对方当事人认可的除外。

专家解析

在我国,法定的证据种类包括当事人的陈述、书证、物证、视听资料、电子数据、证人证言、鉴定意见和勘验笔录八种。虽然当事人的陈述是法定的证据种类之一,但如果只有当事人陈述而没有其他相关证据的，其主张得不到支持，而如果对方当事人对其主张予以承认，那当事人的陈述才可以作为认定事实的依据。

159. 毁灭证据要承担怎样的法律后果？

案例场景

一日，任某找到洪某，称其母亲因病急需用钱，想向洪某借3万元。洪某觉得救人要紧，因此毫不犹豫地将钱借给了他，同时要求任某写下了一张欠条。后来，洪某得知任某借钱并非为了给母亲治病，而是去干别的事。于是，借款期限届满之后，洪某便立即要求任某还钱，但任某却以各种理由推脱，不还钱款。于是，洪某向法院提起诉讼。在开庭之前，任某找到洪某假装忏悔，乘机将欠条拿到手并撕毁。在开庭时，洪某告诉法官任某将欠条毁坏一事，经过法庭调查，证实任某确实撕毁了欠条。那么，毁灭证据需要承担何种法律后果？

依法分析

当事人毁灭证据，可能会被处以罚款、拘留，严重的还可能承担刑事责任。毁灭证据，是指把能够证明案件事实的证据毁灭掉。对于毁灭证据的行为，我国《民事诉讼法》第一百一十一条明确规定，诉讼参与人伪造、毁灭重要证据，妨碍人民法院审理案件的，人民法院可以根据情节轻重予以罚款、拘留；构成犯罪的，依法追究刑事责任。由此可知，诉讼参与人或者其他人伪造、毁灭重要证据，妨碍人民法院审理案件，情节严重的，可以追究刑事责任。

法律条文

《中华人民共和国民事诉讼法》

第一百一十一条 诉讼参与人或者其他人有下列行为之一的，人民法院可以根据情节轻重予以罚款、拘留；构成犯罪的，依法追究刑事责任：

（一）伪造、毁灭重要证据，妨碍人民法院审理案件的；

……

人民法院对有前款规定的行为之一的单位，可以对其主要负责人或者直接责任人员予以罚款、拘留；构成犯罪的，依法追究刑事责任。

专家解析

法律明确规定了诉讼参与人伪造、毁灭证据需要承担的法律责任，是因为证据在诉讼中起着举足轻重的作用，是法官对案件作出判决的重要依据。诉讼参与人毁灭证据，可能会导致法官对案件作出错误判决，有损法律的权威。所以，当事人实施了毁灭证据的行为就必须要承担一定的责任。这样才有利于引导当事人在诉讼过程中遵守法律，也有利于法官依法作出正确的判决，进而保障司法公正，让大家在司法中感受到公平正义。

160. 案件涉及商业秘密，可否不公开审理？

案例场景

郑大爷经过自己多年的研究，发明了一种酱汁，特别适合在焖锅中使用，因此开了一家饭店，生意火爆。几个月后，在同一个县城，孙某也开了一家类似的饭店，抢去郑大爷不少生意。郑大爷后来得知，孙某是偷了自己的秘方，侵犯了自己的权益，于是将孙某告上法庭。因为涉及对配料的探讨，双方当事人都觉得这涉及商业秘密，不宜公开审理，便申请法院不公开审理此案。那么，法院会准许该要求吗？

依法分析

涉及商业机密的案件可以申请不公开审理。我国的司法实践中，案件的审理一般都是公开进行的，审判过程的透明化，方便了人民群众对案件审理过程的监督，避免出现违法乱纪的行为，使程序严谨公正。但是，有些案件一旦公开审理，对当事人或是相关人士影响甚深，不公开审理，效果反而更好。本案中，郑大爷诉讼案件中涉及酱料配方等与营销相关的商业机密。因此，双方申请不公开审理的要求是合理的，法院应该接受申请。

法律条文

《中华人民共和国民事诉讼法》

第一百三十四条 人民法院审理民事案件，除涉及国家秘密、个人隐私或者法律另有规定的以外，应当公开进行。

离婚案件，涉及商业秘密的案件，当事人申请不公开审理的，可以不公开审理。

专家解析

我国实行案件公开审理的制度，但是还有一些案件不适宜公开审理，因此法律进行了例外规定。涉及国家秘密、个人隐私或者法律专门规定的不公开审理的案件，法院只能不公开审理；而对于涉及离婚案件、商业秘密的案件，当事人不想公开审理的，可以向法院申请不公开审理。

161. 哪些案件可以不公开宣判呢？

案例场景

高中生小松今年17岁，与小自己三届的师妹菲菲谈恋爱。两个年轻人情窦初开，无法控制自己，发生了关系，不满14岁的菲菲因此怀孕，被父母发现，辍学在家。父母又气又急，将小松告上法庭，要求法院追究其强奸罪的罪责。法院受理此案，并不公开审理。为了保护儿子的名誉，小松父母请求法院不公开宣判此案，但法官拒绝了小松父母的请求。那么，什么案件才能不公开宣判呢？

依法分析

小松父母提出的不公开宣判的请求，法院不会接受。审理可以不公开进行，但是宣判一定是公开进行的。法院宣读判决，依据的是国家的法律，体现的是庄严而神圣的法律力量，也是对案件的一次终结，是对所有参与诉讼的人的最终解释。

本案中，公开宣判不会过多涉及小松的个人隐私，只是对其违法行为进行判决，因此没必要申请不公开宣判，而且即使当事人申请，法院也不会接受的。按照规定，人民法院对公开审理或者不公开审理的案件，一律公开宣告判决。

法律条文

《中华人民共和国民事诉讼法》

第一百四十八条第一款 人民法院对公开审理或者不公开审理的案件，一律公开宣告判决。

专家解析

一个判决的做出意味着某种法律关系的产生、变更或消失。这种变化不仅会对当事人产生影响，对社会生活中其他人也可能会产生影响，案件的当事人以及关注案件的其他人员均有权知晓案件的最终判决结果。况且，公开宣判时并不会过多涉及案件需要保密的细节问题，只是宣判最终的判决结果，因此，即使不公开审理的案件也必须进行公开宣判。

162. 民事诉讼中，被告无故缺席，法院可否缺席判决？

案例场景

个体工商户刘某与某公司签订了一份供货合同，因产品质量存在严重问题产生纠纷，遂将该公司告上法庭，按规定该案由北京市某区基层人民法院管辖。2018 年 5 月 9 日，刘某按时到达法院，发现被告并未到庭。法院说明被告已收到传票，但无正当理由拒不到庭。那么，对此案件法院可否缺席判决呢？

依法分析

法院可以缺席判决。民事诉讼开庭审理，当事人出庭参与诉讼是一项义务。原告不到庭的，法庭可以将其视为放弃诉讼权利的行为，按撤诉处理。如果是被告不到庭的，经传唤不来，法院可以将其拘传到庭，或者缺席判决。本案中，被告某公司接到传票传唤无正当理由拒不到庭，法院依法可以缺席判决。

法律条文

《中华人民共和国民事诉讼法》

第一百零九条 人民法院对必须到庭的被告，经两次传票传唤，无正当理由拒不到庭的，可以拘传。

第一百四十三条 原告经传票传唤，无正当理由拒不到庭的，或者未经法庭许可中途退庭的，可以按撤诉处理；被告反诉的，可以缺席判决。

第一百四十四条 被告经传票传唤，无正当理由拒不到庭的，或者未经法庭许可中途退庭的，可以缺席判决。

第一百四十五条 宣判前，原告申请撤诉的，是否准许，由人民法院裁定。

人民法院裁定不准许撤诉的，原告经传票传唤，无正当理由拒不到庭的，可以缺席判决。

专家解析

在诉讼中，法律要求当事人均需出庭进行诉讼，如果没有正当理由拒不到庭的，法院可以缺席判决。但何时采取缺席判决又因当事人的法律地位不同而有所差异。对于被告，如果经传票传唤，无正当理由拒不到庭或者未经允许中途退庭的，法院可以缺席判决；而对于原告则是在宣判前法院裁定不准许原告的撤诉申请，而被告经传票传唤无正当理由拒不到庭的，法院才可以缺席判决。

163. 经调解达成的协议对当事人有约束力吗?

案例场景

谢某兄妹二人有一位80岁的老母亲需要人照顾。2016年冬天,老人患上脑血栓后便更离不开人。没多久,谢某兄妹便因赡养母亲的事情起了冲突。哥哥认为妹妹只出力不出钱,妹妹则认为自己作为出嫁的女儿,肯出力已经很不错了。双方因此闹上法庭,在法官的耐心调解下,双方达成了一致,并签订了协议。那么,该协议对谢家兄妹有约束力吗?

依法分析

该协议具有法律效力。法庭调解,是指在人民法院审判人员的主持下,双方当事人就民事争议通过自愿协商,达成协议的活动和结案方式。民事诉讼中,如果调解成功了,就可以结案了;如果调解不成功,诉讼程序继续进行。

本案中,谢家兄妹经法院调解,自愿达成协议,该协议经法院确认,具有契约的性质,对双方都有法律约束力。生效的协议具有如下法律效力:确定当事人民事法律关系的效力,结束诉讼的效力,强制执行的效力。也就是说,该协议生效以后,任何一方都要按照协议的规定履行义务,如果不履行,对方就可以申请强制执行。

法律条文

《中华人民共和国民事诉讼法》

第九十七条 调解达成协议,人民法院应当制作调解书。调解书应当写明诉讼请求、案件的事实和调解结果。

调解书由审判人员、书记员署名，加盖人民法院印章，送达双方当事人。

调解书经双方当事人签收后，即具有法律效力。

专家解析

法律充分尊重当事人的意思自治，允许并鼓励当事人以调解的方式终结诉讼程序。双方当事人经调解达成协议的，法院应当制作调解书。调解书经双方当事人签收后即具有法律效力，争议的民事法律关系得以确认，案件即告终结，一方如果不履行相应的义务，另一方当事人可以依法申请强制执行。

164. 当事人追索劳动报酬，是否可以申请先予执行？

案例场景

董某来到北京打工，在沈某开办的某饭店谋得一份后厨杂工的工作。双方事先签订了用工协议，约定董某每月工资为 1500 元，每月底结算。董某干完 1 个月的活后，却被告知，由于她是新来的，没有工作经验，要干满 3 个月才能拿到工资。无奈董某只好继续干到第 3 个月。3 个月干完后，老板沈某还是以种种理由不给董某发工资。就在这时，老家的女儿生病住院急需用钱，董某只好将沈某诉至法院。法院受理后，董某提出自己的女儿在老家生病急需用钱，而沈某有支付能力，请求法院裁定其先行支付自己 3 个月的工资。董某的要求合理吗？

依法分析

法院可以支持董某的请求。董某的请求涉及民事诉讼法中的先予执行。所谓先予执行是指,为了解决当事人的某些迫切需要,先于判决执行的一种特殊制度。先予执行要满足以下几个条件:1. 当事人之间权利义务关系明确;2. 被申请人有履行能力;3. 在案件受理后终审判决前提出。先予执行适用于追索赡养费、扶养费、抚育费、抚恤金、医疗费用,追索劳动报酬,因情况紧急需要先予执行的情况。先予执行不需要提供担保。本案属于追索劳动报酬的情形,当事人之间权利义务关系明确,而且沈某有支付能力,所以法院可以裁定对沈某先予执行。

法律条文

《中华人民共和国民事诉讼法》

第一百零六条 人民法院对下列案件,根据当事人的申请,可以裁定先予执行:

(一)追索赡养费、扶养费、抚育费、抚恤金、医疗费用的;

(二)追索劳动报酬的;

(三)因情况紧急需要先予执行的。

专家解析

为了及时保护当事人的合法权益,满足权利人的迫切需要,我国法律规定对于以下三种类型的案件,当事人可以在案件受理后至终审判决作出前的时间段内向法院申请先予执行:一是追索赡养费、抚养费、抚育费、抚恤金、医疗费用的,二是追索劳动报酬的,三是因情况紧急需要的。上述三类案件因情况特殊,直接关系到当事人的切身利益，急需立即着手解决，因此，当事人可以申请先予执行。

165. 当事人不服一审判决，欲提出上诉，应该怎么做？

案例场景

2017 年 12 月 16 日，姜某在工地上干活，因工地护栏年久失修，从 7 层楼摔下，造成全身多处骨折。事发后，建筑公司只交了 3 万元住院押金便不肯再出钱，此时姜某的医疗费还差约 5 万元。因此，姜某将公司告上法庭，索要剩余的医疗费。法庭审理后支持了姜某的部分请求，判决建筑公司再给付姜某 3.5 万元。姜某不服，欲提出上诉。那么，他该怎么做？

依法分析

上诉应该向原审法院的上一级法院提出。比如，原审如果是在县（区）一级的初级法院审理的，上诉就要向初级法院所属市的中级法院提出。上诉人一般要将上诉状提交原审法院，如果将上诉状直接提交到二审法院的，二审法院应当在五日内将上诉状移交原审人民法院。这是因为上诉人提交上诉状之后，原审法院要通知对方当事人，并在对方当事人提交答辩状之后将上诉状、答辩状连同全部卷宗和证据报送二审人民法院。因此向哪个法院提起上诉和向哪个法院提交上诉状是不同的。上诉必须要提交上诉状，即必须以书面形式提出。上诉人在提交上诉状的同时还要按照对方当事人的人数提交上诉状副本。

法律条文

《中华人民共和国民事诉讼法》

第一百六十六条 上诉状应当通过原审人民法院提出，并按照对方当事人或者代表人的人数提出副本。

当事人直接向第二审人民法院上诉的，第二审人民法院应当在五日内将上诉状移交原审人民法院。

专家解析

当事人提出上诉才能引发上诉程序的发生，而当事人提出上诉也必须符合法律的有关规定。当事人不服一审判决提出上诉的，可以将上诉状及副本提交给原审法院，由原审法院通知被上诉人后连同答辩状、证据、本案卷宗一并报送二审法院。当事人如果直接向二审法院上诉，二审法院还需把上诉状移交原审法院，不仅大费周折，还浪费时间。

166. 如何申请法院强制执行判决？

案例场景

余某与石某早年间因业务往来有10万元的欠款。2018年3月，三年的期限已到，余某向石某索要欠款未果，便诉至法院。法院经审理认为，二人之间的借款事实清楚，遂判决支持余某的请求，要求石某在20日内返还10万元欠款及相应利息。判决生效后，到判决规定期限，石某仍旧未还款，余某无奈，只好请求法院强制执行。那么，余某应如何申请呢？

依法分析

强制执行是指人民法院的判决、裁定、调解书或者其他法律文书生效以后,其中所确定的应该承担义务的一方当事人由于各种原因,可能会拒绝履行自己的义务,那么权利人就可以向法院申请强制执行。向法院申请强制执行的法律文书必须是已经生效的民事判决书、裁定书,刑事判决书、裁定书中的财产部分或其他法律文书,如仲裁裁决书、公证文书等。申请强制执行法院判决、裁定的,应该向第一审人民法院或与第一审人民法院同级的被执行财产所在地的法院提出,申请强制执行其他法律文书的应该向被执行人住所地或被执行财产所在地法院提出。申请强制执行的期间为两年。本案中,余某可以向第一审人民法院或与第一审人民法院同级的被执行财产所在地的法院提出申请,请求强制执行石某的财产。

法律条文

《中华人民共和国民事诉讼法》

第二百二十四条 发生法律效力的民事判决、裁定,以及刑事判决、裁定中的财产部分,由第一审人民法院或者与第一审人民法院同级的被执行的财产所在地人民法院执行。

法律规定由人民法院执行的其他法律文书,由被执行人住所地或者被执行的财产所在地人民法院执行。

第二百三十九条 申请执行的期间为二年。申请执行时效的中止、中断,适用法律有关诉讼时效中止、中断的规定。

前款规定的期间,从法律文书规定履行期间的最后一日起计算;法律文书规定分期履行的,从规定的每次履行期间的最后一日起计算；法律文书未规定履行期间的，从法律文书生效之日起计算。

专家解析

在诉讼中依法应当承担义务的一方当事人拒不履行已经生效的裁判文书，另一方当事人可以依法向法院提出强制执行的申请，但当事人必须向有管辖权的法院提出申请。我国法律规定对于已经生效的民事判决、裁定，以及刑事判决、裁定中的财产部分，由一审法院或者与一审法院同级的被执行财产所在地法院执行；而对于法律规定由法院执行的其他法律文书，由被执行人住所地或者被执行财产所在地法院执行。

167. 判决后达成和解协议对方却不履行，当事人应怎么做？

案例场景

曹某诉冯某赔偿因交通肇事造成的损失一案在2017年11月8日已经宣判，法院判决冯某赔偿曹某医疗费、误工费等共计3.8万元，30日内一次性付清。判决生效后，冯某主动找到曹某道歉，双方达成和解，冯某共赔偿曹某3万元，2个月内付清。2018年3月，约定的时间已到，但冯某的赔偿仍未到位，此时的曹某应怎么做才能维护自己的合法权益？

依法分析

曹某可以向法院申请执行原生效的判决书。本案涉及执行和解，所谓执行和解是指在执行过程中双方自愿协商达成协议，变更原生效法律文书所确定的履行义务的主体、标的物、数额、履行方式或期限等。达成执行和解只需要双方当事人协商一致即可,不需要法院的同意,这不同于执行担保,执行担保除了双方同意还要取得法院的同意。双方达成和解协议后,如果一方不履行和解协议,另一方可以申请法院恢复执行原来的生效判决,而不是请求法院执行和解协议。如果一方已经履行一部分,则法院在执行生效判决时可以将该部分扣除。本案中,由于冯某不履行和解协议,故曹某可以申请法院执行原生效判决。

法律条文

《中华人民共和国民事诉讼法》

第二百三十条第二款 申请执行人因受欺诈、胁迫与被执行人达成和解协议,或者当事人不履行和解协议的,人民法院可以根据当事人的申请,恢复对原生效法律文书的执行。

专家解析

和解协议的效力仅建立在双方自觉遵守的基础之上,而无法律强制性的保障,双方自觉履行和解协议后,案件就可以终结,但是如果一方不履行和解协议或者不完全履行和解协议时,另一方当事人可以向法院申请恢复对原生效法律文书的执行,案件又进入执行程序。

168. 案外人提出执行异议应符合什么样的条件?

案例场景

2017 年 10 月,瞿家老大和老三因宅基地纠纷闹上法庭,法院经审理认为,老大占有的村西头的一块宅基地为老三所有,判决老大及时将物品搬离,归还老三。判决生效后,老三申请法院执行。2018 年 2 月,在对该宅基地执行过程中,瞿家老二从外地打工归来,对该宅基地归属提出异议,认为应属于自己,并拿出了分家单、村里的证明等证据,法院因此裁定中止对该标的物的执行。那么,老二作为案外人提出执行异议是否有法律依据?应符合什么样的条件?

依法分析

瞿家老二向法院提出执行异议有法律依据。执行异议是指在执行过程中,没有参加执行程序的案外人,对被执行标的主张实体权利或者提出不同意见。提出执行异议要符合以下几个条件:1. 提出执行异议的主体必须是案外人;2. 案外人对被执行的标的主张实体权利,即认为该标的为自己所有或标的与自己有某种利害关系;3. 要在执行过程中提出来;4. 一般要以书面形式提出。案外人提出执行异议的,法院进行审查,认为理由成立的,裁定中止对该标的的执行,理由不成立的,裁定驳回。如果案外人或当事人对裁定不服,不得提起上诉。但是如果认为据以执行的原判决或裁定有误,可以提起再审。如果与原判决、裁定无关,可以另行起诉。

法律条文

《中华人民共和国民事诉讼法》

第二百二十七条 执行过程中,案外人对执行标的提出书面异议的,人民法院应当自收到书面异议之日起十五日内审查,理由成立的,裁定中止对该标的的执行;理由不成立的,裁定驳回。

案外人、当事人对裁定不服，认为原判决、裁定错误的，依照审判监督程序办理；与原判决、裁定无关的，可以自裁定送达之日起十五日内向人民法院提起诉讼。

专家解析

案外人对执行标的有异议的，可以向法院提出书面异议，法院收到申请后依法进行审查，认为异议成立的，裁定中止对该标的的执行，案外人的权益得到了相应的保护。如果认为异议不成立应裁定驳回，案外人不服裁定，认为原裁判有误的，可以依法申请再审。如果请求与原裁判无关的，可以另行起诉，案外人的权益也可以得到相应的救济。

169. 拒不执行判决的，要承担怎样的法律责任？

案例场景

王氏兄弟的父亲去世时曾留下遗嘱，写明自己生前的收藏品由王小某继承，其他的财产由王小某的哥哥王大某继承。但王大某认为王小某上大学已经花了家里很多钱了，不应当再继承父亲的财产，于是将藏品全部据为己有。此事最后被诉至法院。法院经过审理，依法判决王大某按照其父亲的遗嘱将藏品交给王小某。然而，王大某却认为他们兄弟俩的案件属于民事纠纷，即使自己不执行判决，法院也不会拿自己怎么样，因此，一直没有执行法院的生效判决，甚至在法院强制执行时采取各种手段予以阻止。那么，当事人拒不执行生效的民事判决，需要承担什么法律责任？

依法分析

拒不履行人民法院已经发生法律效力的判决,可能会被处以罚款、拘留,情节严重的还可能构成犯罪。我国《民事诉讼法》第一百一十一条明确规定,拒不履行人民法院已经发生法律效力的判决、裁定的人民法院可以根据情节轻重予以罚款、拘留;构成犯罪的,依法追究刑事责任。此外,我国《刑法》第三百一十三条也规定,对人民法院的判决、裁定有能力执行而拒不执行,情节严重的,处三年以下有期徒刑、拘役或者罚金;情节特别严重的,处三年以上七年以下有期徒刑,并处罚金。据此可知,在判决生效后,当事人应当按照判决依法履行自己的义务,如果其拒不执行判决,将会被处以罚款、拘留,情节严重的,还可能构成拒不执行判决、裁定罪。本案中,王大某应拒不执行生效判决的行为,可能会被法院处以罚款或者是拘留。当然,如果王大某阻止法院的强制执行的行为属于情节严重的,其还可能构成刑事犯罪,需要承担相应的刑事责任。

法律条文

《中华人民共和国民事诉讼法》

第一百一十一条 诉讼参与人或者其他人有下列行为之一的,人民法院可以根据情节轻重予以罚款、拘留;构成犯罪的,依法追究刑事责任:

……

(六)拒不履行人民法院已经发生法律效力的判决、裁定的。

人民法院对有前款规定的行为之一的单位,可以对其主要负责人或者直接责任人员予以罚款、拘留;构成犯罪的,依法追究刑事责任。

《中华人民共和国刑法》

第三百一十三条 对人民法院的判决、裁定有能力执行而拒不执行，情节严重的，处三年以下有期徒刑、拘役或者罚金；情节特别严重的，处三年以上七年以下有期徒刑，并处罚金。

单位犯前款罪的，对单位判处罚金，并对其直接负责的主管人员和其他直接责任人员，依照前款的规定处罚。

专家解析

在现实生活中，我们不管作为哪一方当事人，都应当尊重法院的判决，依法履行自己的义务，如果不服法院的判决，我们可以采取合法途径提出上诉或者是申请再审，万万不可为了逃避责任而拒绝履行义务。否则，自己不仅会被强制执行生效判决，同时还要因拒不执行判决受到法律的严厉惩罚，实在是得不偿失。

170. 哪种情况下，被执行人可以申请将名字从失信被执行人名单中删除？

案例场景

2017 年，某超市的老板戴某因拖欠货款被供货商贾某告上了法庭。法院最终判决戴某限期内支付贾某货款及违约金等共计 20 万元。但判决生效后，戴某依然拒绝支付贾某的货款，法院只好按照相关规定和程序，将其列入了失信被执行人名单，对戴某采取了信用惩戒。没多久，戴某超市的供货商都知道了这件事，对戴某的为人和信誉度产生了质疑，均找到其要求解除供货合同，停止供货，给超市的正常运转带来了很大的困难。戴某终于意识到了信誉是多么重要，不但还清了贾某的所有欠款，还与各个供货商签订了信誉保证书。这种情况下，戴某是否可以向法院申请将名字从失信名单中删除？

依法分析

为促使被执行人自觉履行生效法律文书确定的义务，推进社会信用体系建设，2013 年 7 月 1 日，最高人民法院审判委员会第 1582 次会议通过《最高人民法院关于公布失信被执行人名单信息的若干规定》，自 2013 年 10 月 1 日施行，2017 年 1 月 16 日最高人民法院审判委员会第 1707 次会议通过的《最高人民法院关于修改〈最高人民法院关于公布失信被执行人名单信息的若干规定〉的决定》修正。该法第一条明确规定，被执行人具有履行能力而拒不履行生效法律文书确定义务的，人民法院应当将其纳入失信被执行人名单，依法对其进行信用惩戒。案例中戴某就是因拒不履行生效判决而被人民法院纳入失信被执行人名单。后来，戴某主动履行了判决所确认的义务，那么，按照该法第十条的规定，失信被执行人全部履行了生效法律文书确定义务的，人民法院应当将其有关信息从失信被执行人名单库中删除。据此，戴某的名字应当从失信被执行人名单中删除。

法律条文

《最高人民法院关于公布失信被执行人名单信息的若干规定》

第一条 被执行人未履行生效法律文书确定的义务，并具有下列情形之一的，人民法院应当将其纳入失信被执行人名单，依法对其进行信用惩戒：

（一）有履行能力而拒不履行生效法律文书确定义务的；

（二）以伪造证据、暴力、威胁等方法妨碍、抗拒执行的；

（三）以虚假诉讼、虚假仲裁或者以隐匿、转移财产等方法规避执行的；

（四）违反财产报告制度的；

（五）违反限制消费令的；

（六）无正当理由拒不履行执行和解协议的。

第十条 具有下列情形之一的，人民法院应当在三个工作日内删除失信信息：

（一）被执行人已履行生效法律文书确定的义务或人民法院已执行完毕的；

（二）当事人达成执行和解协议且已履行完毕的；

（三）申请执行人书面申请删除失信信息，人民法院审查同意的；

（四）终结本次执行程序后，通过网络执行查控系统查询被执行人财产两次以上，未发现有可供执行财产，且申请执行人或者其他人未提供有效财产线索的；

（五）因审判监督或破产程序，人民法院依法裁定对失信被执行人中止执行的；

（六）人民法院依法裁定不予执行的；

（七）人民法院依法裁定终结执行的。

有纳入期限的，不适用前款规定。纳入期限届满后三个工作日内，人民法院应当删除失信信息。

依照本条第一款规定删除失信信息后，被执行人具有本规定第一条规定情形之一的，人民法院可以重新将其纳入失信被执行人名单。

依照本条第一款第三项规定删除失信信息后六个月内，申请执行人申请将该被执行人纳入失信被执行人名单的，人民法院不予支持。

专家解析

《最高人民法院关于公布失信被执行人名单信息的若干规定》第十条中明确规定，终结本次执行程序后，通过网络执行查控系统查询被执行人财产两次以上，未发现有可供执行财产，且申请执行人或者其他人未提供有效财产线索的，法院应当将被执行人有关信息从失信名单库中删除。因此，在被执行人称无财产的情况下，申请执行人要努力寻找线索，来维护自己的合法权益。

171. 有了新证据后是否可以向法院申请对已经生效的判决进行重新审理？

案例场景

2014 年，王某因妻子患病向邻居马某借了 5 万元钱，并写了欠条。2017 年，马某以王某欠款不还为由，将王某诉讼至法院并提交了相关证据（王某借款时打的欠条）。在法庭辩论时，王某称，自己已经分两次将钱还给了马某。第一次还款 3 万元，马某写了收条。第二次还款 2 万元，由于当时马某没有找到自己借款时所打的欠条，所以又给王某写了一张 2 万元的收条。但第二次的收条却被自己不慎丢失。法院审理后认为马某证据确凿，依法判决王某限期内还款。判决生效后，王某在自己的家里仔细寻找，终于找到了自己第二次还款时马某给写的收条，收条虽然已经破烂不堪，但仍可见上面的字迹。这种情况下，王某是否可以向法院申请重新审理？

依法分析

王某可以要求法院重新审理此案。证据是法院作出判决的主要依据，一个至关重要的证据往往能推翻已经作出的判决。因此，如果当事人要求提交重要的新证据，法院不能以案件已经审结为由拒绝接受。

本案中，马某诉王某的欠款纠纷案已经审结，判决已经生效。但是，王某又找到了当初自己第二次还款时马某打的收条。法院之所以判决王某限期内还款，是因为马某向法院提交了王某借款时打的欠条，而王某没有足够的证据证明自己已经还清欠款。因此，王某要求提交的证据至关重要，可以推翻原判，法院应该接受新证据，重新审理此案。

法律条文

《中华人民共和国民事诉讼法》

第二百条 当事人的申请符合下列情形之一的，人民法院应当再审：

（一）有新的证据，足以推翻原判决、裁定的；

……

专家解析

《民事诉讼法》第二百条第（一）项之规定表明，当事人如果有新的足以推翻原判决、裁定的证据，可以申请法院重新审理案件，法院依法应当启动再审程序。我国民事诉讼实行两审终审制，但这并不意味着两级法院审理一个案件后必定会告以终结。法院审理案件必须依据证据进行，如果有新的证据，足以推翻原判决、裁定的，即使原判决、裁定已经发生法律效力，法院也可以依据再审程序对已经生效的判决进行审理，以维护当事人的合法权益，以及司法的公平公正。

图书在版编目（CIP）数据

新编常用法律知识学习读本 / 七五普法图书中心著．
—2 版．—北京：中国法制出版社，2019．7
（全国“七五”普法学习读本系列）
ISBN 978－7－5216－0232－6

Ⅰ．①新…　Ⅱ．①七…　Ⅲ．①法律－基本知识－中国
Ⅳ．①D920．5

中国版本图书馆 CIP 数据核字（2019）第 084333 号

责任编辑　吕静云（lvjingyun0328@ sina. com）　　封面设计　蒋　怡

新编常用法律知识学习读本
XINBIAN CHANGYONG FALÜ ZHISHI XUEXI DUBEN

著者/七五普法图书中心
经销/新华书店
印刷/三河市紫恒印装有限公司
开本/880 毫米×1230 毫米　32 开　　印张/ 9. 75　字数/ 192 千
版次/2019 年 7 月第 2 版　　2019 年 7 月第 1 次印刷

中国法制出版社出版
书号 ISBN 978－7－5216－0232－6　　定价：39. 80 元

北京西单横二条 2 号
邮政编码 100031　　传真：010－66031119
网址：http：//www. zgfzs. com　　**编辑部电话：010－66034985**
市场营销部电话：010－66033393　　**邮购部电话：010－66033288**

（如有印装质量问题，请与本社印务部联系调换。电话：010－66032926）